Rose Marie Dähncke
Pilzsammlers Kochbuch

Rose Marie Dähncke

Pilzsammlers Kochbuch

Die besten Speisepilze sicher bestimmen und schmackhaft zubereiten

Mit 72 Farbfotos

Gräfe und Unzer

Redaktionsleitung: Hans Scherz
Lektorat: Antje Schunka

Autorin und Verlag danken
Herrn Peter Dobbitsch, Donaueschingen,
und Herrn Walter Matheis, Münchwilen
(Schweiz), für die Durchsicht des Manuskripts.

2. verbesserte und erweiterte Auflage
40. Tausend
© by Gräfe und Unzer Verlag München.
Nachdruck, auch auszugsweise, sowie Verbreitung durch Film, Funk und Fernsehen, fotomechanische Wiedergabe und Tonträger jeder Art nur mit Genehmigung des Verlages.
Fotos: Einbandrückseite oben rechts Gruner & Jahr, Hamburg; alle anderen Fotos gestaltete die Autorin. Film: Agfa CT 18. Objektive: Carl Zeiss, Oberkochen.
Einbandgestaltung: Horst Pfeufer, Donauwörth.
Reproduktion der Farbtafeln und des Einbandes Brend'amour, Simhart & Co., München; Druck Pera-Druck Hanns Haug KG, Gräfelfing bei München.
Satz und Druck des Textteils Druckerei Georg Wagner, Nördlingen.
Bindung: Großbuchbinderei Monheim (Schwaben).
ISBN: 3-7742-1621-5

Inhalt

Ein Wort zuvor 7

Alles über Pilze 9

Was ist ein Pilz? 9
Das Erscheinungsbild (Habitus) und alle typischen Merkmale 9

Richtig Pilze sammeln 11
Transport von Fotopilzen 12
Korb vergrößern 13

Pilze sind kalorienarm und nährstoffreich 13
Kalorientabelle 13
Nährwert 13
Pilze und Alkohol 14
Allergie 14
Schadet Frost den Pilzen? 15

Giftpilze – Pilzvergiftung 15
Von der Heilwirkung mancher Pilzarten 16
Vom Nutzen der Pilze 16
Pilze im Haushalt der Natur 17

Vorkommen der Pilze 18
Was wächst wo? 18
Was wächst wann? 20
Der Duft, der sie verrät 21

Pilze selber züchten 22
Anbau auf Holz 22
Anbau auf Stroh 23
Anbau auf Holzabfällen 24

Katalog der Pilze 25

Vorbemerkung 27
Schüpplinge 29, 80
Schirmlinge 30
Seitlinge 31
Tintlinge 32

Boviste 35
Röhrlinge 36–49, 97
Leistenpilze 50–51
Kraterellen 52, 55
Milchlinge 56, 59
Schüpplingsartige 57
Gelbfüße 58
Champignons (Egerlinge) 60–62, 65
Wulstlinge (Knollenblätterpilze) 66, 68, 88–90
Täublinge 67, 69
Becherlinge 70
Morcheln 71, 75
Schnecklinge 72
Ritterlinge 76–79
Korallen 81
Schwefelköpfe 82
Ellerlinge 85
Schleierlinge 86
Giftpilze 87 ff.
Rißpilze (Faserköpfe) 91
Lorcheln 92
Rötlinge 95
Krempenpilze 96

Feinschmeckers Pilzküche 99

Vor dem Kochen zu lesen 101
Die Mengenangabe 101
Die Vorbereitung 101
Geeignetes Koch- und Bratgeschirr 102
Die Gewürze 102
Mögliche Beigaben 103
Passende Beilagen 103
Die Wahl der Pilzarten 103
Aroma- und Geschmackstabelle 104

Ein Grundrezept – viele Varianten 105
Pilz-Grundrezept 105
Gefüllte Zwiebeln 105
Zwiebelsauce 105
Pilz-Nierchen 106
Pilzauflauf 106
Bratwurstpfanne 106
Bouletten Diana 107
Pilze auf Bauernbrot, mit Käse überbacken 107

Inhalt

Überraschungshackbraten 107
Jäger-Knödel 108

Schmackhafte Gerichte mit Pilz-Fleisch 109
Pilz-Fleisch 109
Jäger-Braten 109
Bouletten Waidmannsvesper 109
Klopse Königsberger Art 109
Balkan-Fleisch 110
Krautwickel 110
Pilzschnitzel hollandaise 110

Rund um den Steinpilz 111
Gefüllte Steinpilze I 111
Gefüllte Steinpilze II 111
Steinpilze mit Kräutersauce aux croûtons 111
Steinpilze mit Knoblauchbutter 112
Roher Steinpilzsalat 112
Jägerfrühstück 112
Steinpilzspießchen 112
Litauisches Kraut 113
Jäger-Schmarren 113
Steinpilze in Öl, italienische Art 113

Einzelne Pilzarten, raffiniert zubereitet 114
Morchelragout 114
Morcheln paniert à la comtesse 114
Morcheln crème au gratin 114
Morchelpudding 114
Karpfen à la grand'mère 115
Morcheln à la sévillane 115
Morcheln in Bierteig 115
Pfifferlinge mit Rührei 115
Steak amerikanisch 116
Butterpilze gebraten 116
Spargelpilze mit Schinken 116
Goldröhrlingssegen 117
Feen-Salat 117
Salat von Becherlingen 117
Junge Zigeuner im Schlafrock 118
Violetter Ritterling als Rotkohl 118
Violetter Ritterling mit Kräutersauce 121
Parasol paniert 121
Ungarischer Pfefferpilz 122
Blutreizker paniert 122
Riesenbovist als »Beamtenkotelett« 123
Falsches Hirn mit Ei 123
Flaschenboviste, in Butter gebraten 123
Milchbrätlinge 123

Internationale Pilzspezialitäten 124
Rouladen aux champignons 124
Salm aux champignons 124
Fischfilet mit Sahnepilzen 124
Gefüllte Poularde 125
Zunge mit Burgunderpilzen 125
Serbischer Bohnentopf 125
China-Topf 126
Pilzküchlein 126
Pilzpizza 126
Saure Pilze 127
»Brüsseler Spitze« 127
Pilzknödelsuppe 127
Pilztopf Försterin 128
Pichelsteiner 128
Römertopf-Pilze 128
Pilze chinesisch 131
Sauce zu chinesischen Pilzen 131
Duxelles 132
Aspik zu kalter Platte 132
Toast mit Pilzbutter 132
Mitternachts-Pilze 132
Pilzsalat Gärtnerin-Art 133
Pilzkuchen 133

Essigpilze und was man daraus machen kann 134
Essigpilze 134
Pilzsülze 134
Salat Kunterbunt 135
Pikante kalte Pilz-Senf-Sauce 135
Verlorene Eier in Pilz-Senf-Sauce 135
Pilze mit Herz 136
Schwedenhappen 136

Grundsätzliches über Pilzsuppen 137
Klare Pilzbrühe 137
Pilzsuppe legiert 137

Das Haltbarmachen der Pilze 138
Einfrieren 138
Einwecken 138
Trocknen 138
Pilze zu Pilzextrakt verarbeiten 139
Silieren 139
Pilze in Essig einlegen 139

Liste der Pilzberater 140

Rezept- und Sachregister 145

Ein Wort zuvor

Lieber Pilzfreund!

Das Gesündeste an den Pilzen ist das Suchen – und das Wichtigste die artgerechte Zubereitung! Was lag also näher, als die beiden Themen »Sammeln« und »Kochen« in einem Buch zusammenzufassen? Nur richtige Verwertung kann allen Pilzen ihren optimalen Wert entlocken, ja auch aus minderwertigen Arten noch kulinarische Genüsse zaubern.

»Pilzsammlers Kochbuch« zeigt Ihnen, daß Pilzekochen bereits beim Pilzesammeln anfängt. Wer das weiß und beherzigt, der wird viel geschmacksbewußter sammeln: er wird zum Trocknen nur feste saubere Exemplare mitnehmen, für einen schmackhaften Eintopf mindestens sieben verschiedene Arten suchen oder zum Aufwürzen eines Steinpilzgerichts nach ein paar kräftig aromatischen Anischampignons oder Stockschwämmchen Ausschau halten.

Naturgetreue Farbfotos, auf denen alle markanten Einzelheiten zu erkennen sind, und ausführliche, verständliche Beschreibungen der Pilze mit Angaben über Beschaffenheit, Geruch, Standort und natürlich auch über Verwechslungsgefahr mit giftigen Doppelgängern machen die Pilzbestimmung leicht. Und bereits hier, im »Katalog der Pilze« finden Sie wertvolle Tips für die Pilzküche. Die Auswahl beschränkt sich bewußt auf die am häufigsten vorkommenden und schmackhaftesten Speisepilze Europas (auf grünem Fond) und auf die wichtigsten Giftpilze (auf rotem Fond).

Der Rezeptteil enthält alle Pilzgrundrezepte mit Variationen für jeden Geschmack von der Hausmannskost bis zum exquisiten Schlemmergericht. Sie finden englische, italienische, holländische, belgische Spezialitäten und die meiner polnischen Großmutter, ja sogar Rezepte ungarischer Zigeuner und welche aus China, vor allem aber berühmte und raffinierte Gerichte der französischen Küche, aus der Pilze zur Veredelung vieler Speisen nicht wegzudenken sind. Farbfotos von Pilzgerichten geben einen Vorgeschmack auf die Gaumenfreuden der Pilzküche. Vorbereitung der Pilze, richtiges Würzen, Einfrieren, Einwecken, Trocknen, Einlegen und Silieren sind weitere für den Pilzsammler wichtige und interessante Themen dieses Buches.

Doch aller Anfang ist das Pilzesuchen, diese aus dem Jäger- und Sammlertrieb erwachsende Leidenschaft, die Alltagssorgen in den Hintergrund treten läßt. Ein plötzlich entdeckter Fundort begehrter Pilze kann sogar belastende Umstände völlig vergessen machen. Ich selbst wurde auf diese Weise oftmals von meiner Migräne befreit, und meinem Vorgänger und Begründer der »Schwarzwälder Pilzlehrschau«, Rektor a. D. Max Hetzel, wurde bei Krankheitsbeschwerden von seinem Hausarzt immer gesagt: »Lassen Sie erst die Pilze da sein, dann sind Sie auch gleich wieder gesund«, und so war es dann auch. Ärzte wissen das und empfehlen Pilzesammeln als Beschäftigungstherapie und echte Regenerationsquelle.

Pilzesammeln muß nicht gefährlich sein. Meine Erfahrungen mit den Besuchern der »Schwarzwälder Pilzlehrschau« zeigen jedes Jahr aufs neue, daß die Furcht vor Pilzvergiftungen bei den meisten noch immer sehr tief sitzt. Es ist eine Art »Urangst«, die aus einer Zeit stammt, in der

Ein Wort zuvor

Genießbarkeit und Giftigkeit der Pilze nur aus Überlieferungen bekannt waren. Heute weiß man über Pilze so gut Bescheid, daß das Sammeln bei Beachtung gewisser Regeln gefahrlos ist. Die wichtigste lautet: Keinen Pilz essen, den Sie nicht sicher als eßbar kennen! Damit schließen Sie jedes Risiko aus und können Ihr Pilzgericht ruhigen Gewissens genießen.

Natürlich muß man sich, wie auf jedem anderen Gebiet auch, in die Materie einarbeiten. Beginnen Sie zunächst mit wenigen Arten, z. B. den »anfängersicheren«, die überhaupt nicht mit Giftpilzen zu verwechseln sind, wie dem Hallimasch (Seite 29, 33), dem Parasolpilz (Seite 30, 34) oder den Röhrlingen, die keinen gefährlichen Vertreter in der Familie aufweisen. Beteiligen Sie sich anfangs an Pilzwanderungen, wie sie von Volkshochschulen und Pilzvereinen durchgeführt werden, oder legen Sie Ihr Sammelgut einer Pilzberatungsstelle vor, die Sie kostenlos berät (siehe Anhang »Pilzberatungsstellen in der Bundesrepublik« Seite 140 ff.). In der »Schwarzwälder Pilzlehrschau« in 7746 Hornberg/Schwarzwaldbahn, die jährlich vom 1. August bis 31. Oktober geöffnet ist, kann sich jeder Pilzfreund – vom Anfänger bis zum Experten – an Pilzwanderungen, Vorträgen und Schulungen beteiligen. Wer Pilzberater werden möchte, kann hier die Prüfung ablegen und erhält den Pilzberaterausweis, der in allen Bundesländern anerkannt wird.

Den vielen Speisepilzen stehen ganz wenige gefährliche Giftpilze gegenüber, die durch markante Merkmale eindeutig zu erkennen sind. Es gibt jedoch kein Patentmittel, um Giftpilze zu entlarven. Auch Geruch und Geschmack zeigen den Giftgehalt nicht an, und die gefährlichsten Arten dürfen nicht einmal probiert werden. Die aus dem vorigen Jahrhundert stammenden Märchen vom schwarz anlaufenden Silberlöffel oder der sich verfärbenden mitgekochten Zwiebel sind gefährlicher Humbug und können für den Unbelehrbaren üble Folgen haben. Der Grüne Knollenblätterpilz (Seite 89, 93) und der Kegelhütige Knollenblätterpilz (Seite 88, 93) sollten jedem Sammler, und sei es auch nur theoretisch, bekannt sein.

Sind Pilze von Ausrottung bedroht? Diese Frage wird heftig diskutiert. Gewiß sind in der Nähe der Großstädte die Wälder von Steinpilzen und Pfifferlingen leergeräumt, weil sich auf sie im allgemeinen die Suche konzentriert. Aber größere Gefahr als durch das Sammeln droht diesen überaus empfindlichen Geschöpfen durch Umweltverschmutzung und »dem Fortschritt dienende Maßnahmen«.

Großbedarf an Speisepilzen sollte aus Zuchtanlagen geerntet werden. Die Pilzkultivierung ist seit 2000 Jahren bekannt und hat durch moderne bessere Anbaumethoden in letzter Zeit lebhaften Aufschwung genommen. Auch der Pilzfreund kann als Hobbyzüchter heute einige wohlschmeckende Arten selbst heranziehen und so zu einer reichen Ernte gleich hinter dem Haus kommen (siehe »Pilze selber züchten« Seite 22 ff.).

Sollten Sie nun zu den Themen »Sammeln«, »Kochen« oder »Züchten« noch irgendwelche Fragen haben, dann schreiben Sie mir oder besuchen Sie mich einfach in Hornberg. Ich stehe Ihnen immer zur Verfügung. *Rose Marie Dähncke*

Alles über Pilze

Was ist ein Pilz?

Was wir gemeinhin als Pilz kennen und was den Pilzsammler am Pilz in erster Linie interessiert, ist nur der sichtbare, sporentragende Fruchtkörper. Die eigentliche Pilzpflanze, Myzel genannt, liegt als feines, weitläufiges Fadengeflecht unter der Erde, bei manchen Arten in dicken Laub- oder Nadelschichten, bei Holzbewohnern in abgestorbenem oder in lebendem Holz. Es gibt auch Pilze, die auf Fichtenzapfen, Eicheln, Kastanien, ja sogar auf Exkrementen, Tierhaaren, Federn, auf toten Wespen, Schmetterlingspuppen und auch auf alten Pilzen wachsen.

Für die Verbreitung der Pilze sorgen die Sporen – winzige, staubfeine Partikel –, die sich bei Hutpilzen auf der Hutunterseite in Röhren, Poren, an Lamellen, Leisten oder Stacheln (Seite 34, 35), bei Bauchpilzen (Beispiel Boviste) im Innern des Fruchtkörpers befinden. Ist der Pilz ausgewachsen, werden die Sporen durch den Wind davongetragen. Gelangen Sporen auf diese Weise an einen Standort, der dem Pilz alle ihm gemäßen Wachstumsbedingungen bietet, dann keimen sie und entwickeln ein neues Myzellager. Ein kräftiges gesundes Myzel bringt bei vielen Arten so lange neue Pilze hervor, bis die Nährstoffe des Bodens erschöpft sind oder ökologische Veränderungen eintreten wie Alterung des Baumbestandes, Heranwachsen von Begleitflora, Entwässerung, Düngung oder Spritzen des Geländes mit chemischen Mitteln.

Das Erscheinungsbild (Habitus) und alle typischen Merkmale

(Blätterpilz, Lamellenpilz)

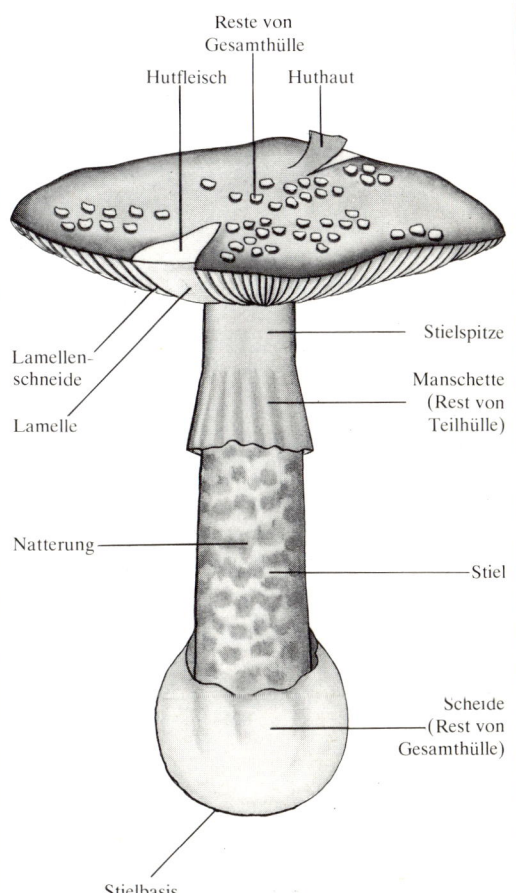

Aus dieser Habituszeichnung gehen alle in den folgenden Pilzbeschreibungstexten benannten Teile eines Pilzes hervor. Die anschließenden Teilabbildungen zeigen, daß die Hutunterseite ganz verschieden beschaffen sein kann.

Alles über Pilze

Sinn und Aufgabe von Lamellen, Röhren usw. ist es, die Fläche der Hutunterseite um ein Vielfaches zu vergrößern und so ausreichend Ablagerungsmöglichkeit für die Sporen zu schaffen.

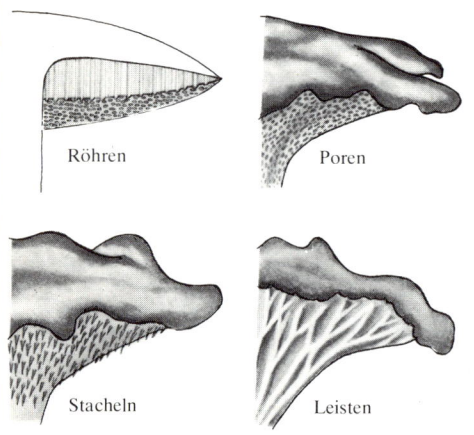

Die Lamellen können bei den einzelnen Pilzarten auf unterschiedliche Weise am Stiel oder am Hutfleisch angewachsen sein. Ihre Wuchsform bildet oft ein wichtiges Erkennungsmerkmal.

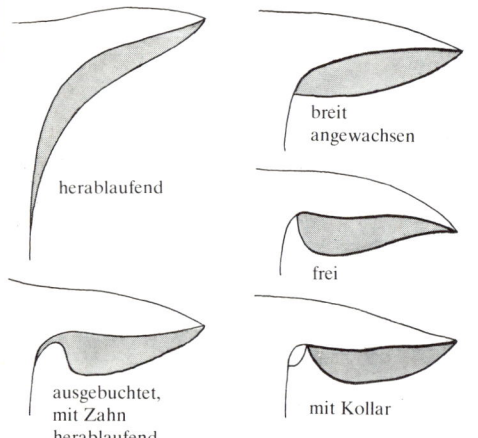

Die verschiedenen Hutformen gehen aus den Zeichnungen hervor. Natürlich kann ein Hut beim jungen Pilz glockig sein, während er im Alter dann flach ausgebreitet und meist gebuckelt ist.

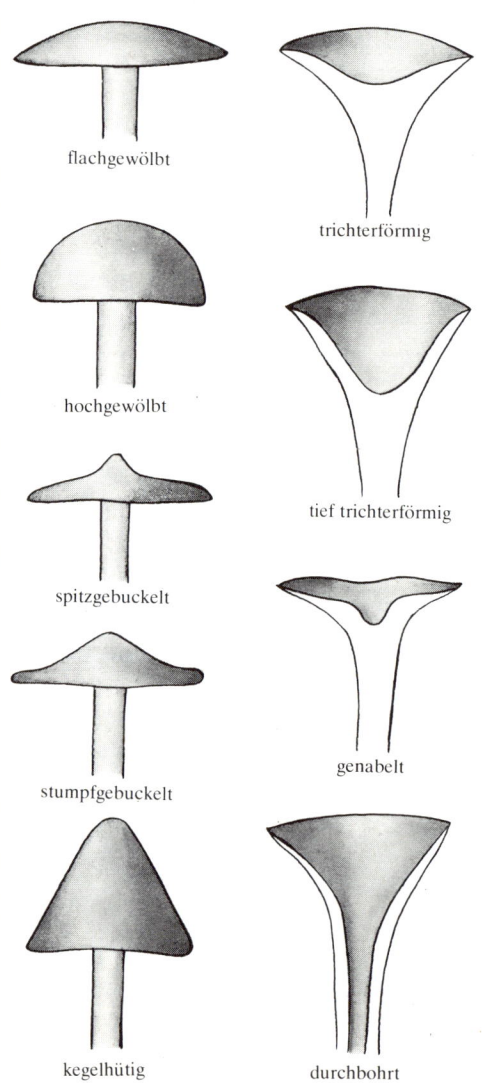

Alles über Pilze

Ein wichtiges Unterscheidungsmerkmal ist die Riefung am Hutrand oder auf der Manschette (z. B. zwischen eßbarem Perlpilz und giftigem Pantherpilz). Diese Riefen entstehen beim ganz jungen Pilz auf der Manschette, wenn sie noch als Teilhülle dicht den Lamellen anliegt. Später reißt diese Hülle am Hutrand ab und bleibt als Manschette (beim Wulstling) oder Ring (beim Champignon) am Stiel hängen.

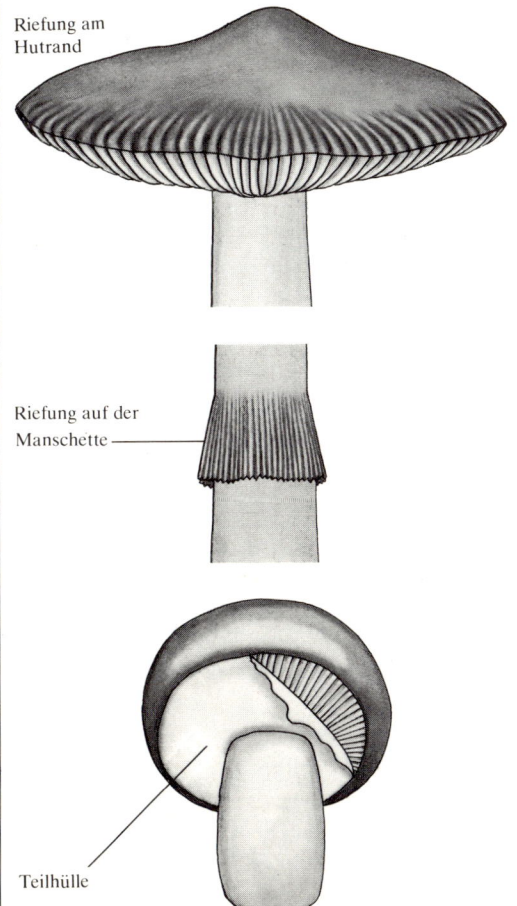

Riefung am Hutrand

Riefung auf der Manschette

Teilhülle

Richtig Pilze sammeln

Ich empfehle Ihnen, nur einwandfreie Pilze mit nach Hause zu nehmen, denn nur gesunde, feste Exemplare überstehen den Transport und ergeben eine Pilzmahlzeit, die Ihnen schmeckt und Ihrem Magen bekommt. Lassen Sie zu Ihrer eigenen Sicherheit junge, unentwickelte und daher schwer bestimmbare Fruchtkörper stehen: Ein junger Grüner Knollenblätterpilz, der noch in der weißen Hülle steckt, die ihn anfangs ganz umgibt, kann für den Sammler genauso aussehen wie ein junger Champignon. Diese Verwechslung wäre verhängnisvoll!

Lassen Sie auch die alten Pilze stehen. Mit etwas Übung läßt sich das Alter leicht erkennen. Bei Täublingen und Milchlingen sind es die weit nach oben aufgeschirmten Hüte. Bei Röhrlingen gibt uns ein Fingerdruck auf den Hut Auskunft über die Verwertbarkeit: ist das Fleisch nachgiebigweich oder gar schwammig, kann der Pilz nicht mehr verwendet werden. Manche Pilzvergiftung ist allein auf den Verzehr zu alter Speisepilze zurückzuführen. Wenn sich das Pilzeiweiß erst einmal zu zersetzen beginnt, sind auch die besten Edelpilze unbekömmlich.

Zum Einsammeln und Transportieren der Pilze sollten Sie nie etwas anderes als einen Korb benutzen. Eine Tragetüte aus Papier ist unzweckmäßig, weil empfindliche Arten darin zerbrechen, und außerdem kann nach mehrmaligem Absetzen auf feuchtem Moos der Tütenboden aufweichen und reißen, wenn die Tragetüte wieder angehoben wird. (Ich habe einmal sehr dumm geguckt, als ich mir auf diese Weise einen

Alles über Pilze

Berg Pilze vor die Füße legte, für die ich dann keinen Behälter mehr hatte.) Eine Plastiktüte dürfen Sie auf keinen Fall verwenden. Mit diesem Produkt des Fortschritts kommen Sie »in Teufels Küche«, wenn Sie es mit Pilzen füllen. Pilze »schwitzen« in Plastikbeuteln, was leicht am Beschlagen des durchsichtigen Materials zu erkennen ist. Bei diesem chemischen Prozeß zersetzt sich das Pilzeiweiß, die Pilze werden giftig. Bleibt also nur der gute alte Korb, der luftdurchlässig und so stabil ist, daß die Pilze den Transport heil überstehen. Unbekannte Pilze, die Sie zu Hause anhand des Buches bestimmen oder die Sie dem Pilzberater vorlegen wollen, sollten Sie in einem zusätzlichen Behälter verwahren oder, durch Papier von den anderen Pilzen getrennt, in eine Ecke des Korbes legen. Es ist immerhin möglich, daß giftige Arten darunter sind, und es wäre gefährlich, wenn Stücke von Giftpilzen sich mit den Speisepilzen mischten.

Beim Ernten der Pilze gehen Sie am besten so vor: Pilze, die Sie sicher als eßbar erkennen, mit einem Küchenmesser dicht über dem Erdboden abschneiden. Dadurch wird das Myzel am wenigsten beschädigt. Nach dem Aufnehmen den Pilz auf Madengänge untersuchen und eine eventuell vorhandene schleimige Huthaut, wie sie der Butterpilz und das Kuhmaul aufweisen, abziehen, damit nicht das übrige Sammelgut damit verklebt. Röhrenpolster oder Lamellen nicht entfernen. Sind diese zu alt, dann ist der ganze Pilz überständig und nicht mehr zum Verzehr geeignet. Pilze, die Sie noch nicht kennen, nicht abschneiden, sondern unter Zuhilfenahme des Messers mit dem ganzen Stielgrund aus dem Erdboden heben. Nur so können Sie die Basis genau auf eine eventuelle Knolle oder Scheide (Seite 9) untersuchen. Wenn Sie diese abschneiden oder den Stiel aus dieser Hauttasche herausdrehen, geht das sicherste Erkennungsmerkmal mancher giftigen Arten, z. B. des Grünen Knollenblätterpilzes, verloren.

Vernachlässigen Sie Ihren gefüllten Korb auch dann nicht, wenn Sie nach erfolgreichem Sammeln noch ein Picknick machen wollen. Lassen Sie ihn nicht im Auto, sondern verwahren Sie die kostbare Beute in kühlem Schatten.

Zu Hause angekommen, werden die Pilze luftig gelagert, das heißt ausgebreitet, da sie übereinandergehäuft schwitzen würden. Das kann auf einem großen Tisch, auf dem Fußboden von Terrasse, Balkon oder Keller geschehen, eventuell auf einem großen Tuch oder notfalls auch auf einem Bogen Packpapier. Wichtig ist, daß frische Luft an die Pilze kommt. Sollen sie erst am nächsten Tag zubereitet werden, bleiben sie so liegen. Reicht die Zeit am Abend noch aus, ist es vorzuziehen, die Pilze zum fertigen oder wenigstens halbfertigen Gericht zu verarbeiten, um fortschreitende Alterung zu verhindern. Dieses Gericht kann dann ohne weiteres einen Tag im Kühlschrank stehen und anschließend wieder aufgewärmt werden.

Transport von Fotopilzen

Wenn Sie Pilze sammeln, die Sie später fotografieren wollen, so müssen Sie diese Exemplare ganz behutsam und sorgfältig transportieren. Ich stupse zu diesem Zweck

Alles über Pilze

einzelne Zeitungsbögen lose in den Korb und mache Nester daraus, in die ich die Pilze *senkrecht* stelle. So können keine Humusteilchen von der Stielbasis zwischen die Lamellen gelangen oder Hut und Stiel verschmutzen, was besonders bei schleimigen oder klebrigen Arten ärgerlich wäre. Wenn man die Pilze senkrecht befördert, bleibt außerdem bei empfindlichen Arten (z. B. beim Wulstling) die natürliche Wuchsform erhalten, während beim Transport eines liegenden Pilzes sich der Hut schon nach ein bis zwei Stunden verbiegen kann, das heißt, er versucht sich so zu drehen, daß er wieder parallel zur Erde ausgerichtet ist.

Korb vergrößern

Es kann passieren, daß der Korb, den Sie bei sich haben, bei einem unerwarteten Pilzsegen viel zu klein ist. Nichts ist dann einfacher, als ihn an Ort und Stelle zu vergrößern. Mit dem Messer schneiden Sie 15–20 cm lange Reiser von Birken, Ginster oder, wenn vorhanden, auch ganze Heidelbeerbüsche ab, stutzen sie zurecht und stecken sie dicht nebeneinander senkrecht in die Flechtmaschen Ihres Korbes. So faßt er gleich einige Pfunde mehr.

Pilze sind kalorienarm und nährstoffreich

Kalorientabelle
(auszugsweise nach Dr. Bötticher):

100 g	Kalorien/Joule
Steinpilz	34/ 142
Champignon	28/ 117
Pfifferling	23/ 96
Kartoffel	91/ 381
Möhre	34/ 142
Apfel	58/ 243
Roggenbrot	227/ 950
Weizenbrot	255/1067
Rindfleisch, mager	173/ 724
Schellfisch	70/ 293
Hering	167/ 699

Wegen ihres geringen Kaloriengehaltes sind Pilze also für eine Schlankheitskur besonders geeignet. Da sie nicht leicht verdaulich sind, bleiben sie länger im Magen liegen, und man behält dadurch auch länger das Gefühl des Sattseins.

Nährwert

Pilze zeichnen sich durch hohen Eiweißgehalt aus. Allerdings wird das Pilzeiweiß vom menschlichen Körper nur zu 72–83 % verarbeitet. Bei Trockenpilzen liegen die Zahlen höher. Doch auch die unverdaulichen Chitinstoffe im Pilz sind nicht zu verachten, denn sie regen die Darmtätigkeit an.

Alles über Pilze

Pilze enthalten außerdem
Aminosäuren: Asparaginsäure, Glutaminsäure, Serin, Glykokoll, Threonin, Alanin, Valin, Tyrosin, Methionin, Isoleucin, Leucin, Phenylalanin, Lysin, Arginin, Prolin, Histidin, Cystin, Tryptophan.

Amine: Methylamin, Dimethylamin, Trimethylamin, Aethylamin, n-Propylamin, n-Butylamin, Isoamylamin, Phenyläthylamin, Adenin, Agmatin, Betain, Cadaverin, Cholin, Ergothionin, Guanidin, Harnstoff, Herzynin, Histamin, Hypoxanthin, Putrescin, Spermidin, Tryptamin, Tyramin, Xanthin.

Mineralstoffe: Natrium, Kalium, Magnesium, Calcium, Mangan, Eisen, Kobalt, Kupfer, Zink, Phosphor, Fluorid, Chlorid, Jodid.

Vitamine: Vitamin D, Vitamin E, Vitamin K, Vitamin B_1, Vitamin B_2, Nicotinamid, Pantothensäure, Vitamin B_6, Biotin, Folsäure, Vitamin C.

Enzyme: Maltase, Trehalase, Glykogenase, Amylase, Proteinase, Laccase, Katalase, Urease.

Kohlenhydrate, ätherische Öle und anderes mehr.

Bringt man alle Inhaltstoffe und deren Verwertbarkeit durch den menschlichen Körper auf einen Nenner, so haben Pilze den Nährwert von gutem Gemüse.

Pilze und Alkohol

Drei gute Speisepilze enthalten Wirkstoffe, die in Verbindung mit Alkohol bei manchen Menschen allergieähnliche Erscheinungen hervorrufen. Es sind:

Netzstieliger Hexenröhrling (Seite 42)
Faltentintling (Seite 32)
Glimmertintling.

Zu dieser Reaktion kann es kommen, wenn man zum Pilzgericht oder kurz danach Alkohol trinkt. Der Betroffene läuft rot an, und es treten Kreislaufstörungen mit allerlei Begleitsymptomen auf. Diese klingen zwar nach einiger Zeit wieder ab, können aber in abgeschwächter Form erneut auftreten, wenn in den darauffolgenden Tagen Alkoholhaltiges getrunken wird. Diese Vergiftungserscheinungen haben große Ähnlichkeit mit der Wirkung von Antabus, das zur Heilung von Alkoholikern eingesetzt wird.

Wie mir wiederholt von Pilzfreunden berichtet wurde, soll auch auf Hallimasch (Seite 29, 33) Alkohol nicht jedem gut bekommen.

Ähnliche Reaktionen können auch auftreten, wenn man zu einer Mahlzeit von Netzstieligen Hexenröhrlingen einen starken Kaffee oder Tee trinkt.

Allergie

Es ist bekannt, daß jemand, der zu Allergie neigt, auch gegen Edelpilze wie Steinpilz, Champignon, Pfifferling allergisch sein kann. Sie stellen das bald fest, wenn nach einer Mahlzeit die Erscheinungen auftreten, und müssen dann auf jeden Fall die auslösenden Arten oder unter Umständen sogar alle Pilze meiden.

Alles über Pilze

Schadet Frost den Pilzen?

Ob Pilze ungenießbar sind, nachdem sie Frost abbekommen haben, ist umstritten. Ich selbst und viele befragte Pilzsammler haben die Erfahrung gemacht, daß Spätherbst- und Winterpilze (Seite 20) durch Frost nicht unbekömmlich werden. Natürlich muß man nach dem Auftauen genau prüfen, ob sie jung und gesund sind und sich nicht etwa nur durch den Frost aufrecht hielten. Anscheinend aber vertragen auch Sommerpilze Frost, denn bei Befragung auf breiter Ebene wurde mir von Sammlern immer wieder gesagt, daß sie, da sie es nicht besser wußten, auch Steinpilze und Champignons roh in der Kühltruhe eingefroren und nach einer solchen Pilzmahlzeit nie Beschwerden gehabt hätten. (Richtig einfrieren siehe Seite 138.)

Giftpilze – Pilzvergiftung

Einige Pilzarten enthalten ein Gift (Muscarin) mit besonderer Wirkung auf das Nervensystem. Es sind dies:
  Ziegelroter Rißpilz (Seite 91, 93)
  Pantherpilz (Seite 90, 93)
  Fliegenpilz
  weiße Trichterlinge
  Rißpilze.
Vergiftungen mit tödlichem Ausgang durch diese Pilze sind jedoch selten, sie kommen meist nur dann vor, wenn der Vergiftete schon ein schweres organisches Leiden hat und daher vermindert widerstandsfähig ist.

Typische Symptome für diese Art von Pilzvergiftungen sind: Magenschmerzen, Schwäche, Schwindel, Pupillenverengung, evtl. leichte Rauschzustände – sie können bald nach der Mahlzeit oder aber erst 2–3 Stunden später auftreten. Auf alle Fälle sofort den Arzt rufen. Nur wenn kein Arzt erreichbar ist, zur Förderung des Erbrechens lauwarmes Salzwasser trinken (nach Dr. Clarmann, Facharzt für Vergiftungen, auf ¼ l Wasser 1–2 Eßl. Salz). Bei Durchfall Kohletabletten.

Alarmierend wäre das Auftreten von schweren Vergiftungserscheinungen (Magenkoliken, Krämpfe, unstillbares Erbrechen, reiswasserähnliche Durchfälle) 8–24 bis 40 Stunden nach der Pilzmahlzeit. Der Betroffene muß schnellstens ins Krankenhaus. Jeder Versuch von zusätzlicher Eigenbehandlung muß unterbleiben, da der geschwächte Kranke durch zusätzliches Erbrechen noch mehr gefährdet wäre. Solche Giftwirkungen können haben:
  Grüner Knollenblätterpilz (Seite 89, 93)
  Kegelhütiger Knollenblätterpilz (Seite 88, 93)
  Früh- und Riesenlorchel (Seite 92, 94)
  Orangefuchsiger Hautkopf *(Cortinarius orellanus),* schmächtiger dunkelbrauner Pilz mit braun-fuchsigen Lamellen, in Deutschland sehr selten.
  Fleischrötlicher Giftschirmling *(Lepiota brunneo-incarnata),* mit ähnlicher Giftwirkung, ebenso einige weitere Zwergschirmlinge, alle recht selten.
Die Sterblichkeitsziffer nach einer Vergiftung mit dem Grünen Knollenblätterpilz liegt bei 55 %, das heißt, wenn man wenig davon gegessen hat und außerdem eine gute Konstitution besitzt, muß man zwar mit einer schweren Erkrankung rechnen, kann aber mit dem Schrecken davonkommen.

Alles über Pilze

Von der Heilwirkung mancher Pilzarten

Unter den uns geläufigen Großpilzen gibt es verschiedene Arten mit Heilwirkungen. So weiß man vom Violetten Ritterling (Seite 76, 83) und vom Lilastieligen Ritterling (Seite 78, 83), daß sie den Blutzucker senken, vom Pfeffermilchling (Seite 56, 63), daß er harntreibend wirkt und gegen Blasensteine hilft. Ein Pilzfreund berichtete mir, daß er durch einige Hallimaschgerichte von seinem Hämorrhoidenleiden befreit worden sei. Die Ableitung des volkstümlichen Namens Hallimasch wird – wie es scheint, zu Recht – auf »Heil im Arsch« zurückgeführt. Der Shiitake-Pilz (Seite 22 f.), wichtiger Exportartikel in Japan, aber auch hier züchtbar, senkt den Cholesterinspiegel im Blut, und laut japanischer Forschungsberichte soll der Samtfußrübling eine krebshemmende Wirkung haben. Im allgemeinen sagt man, daß durch den Genuß von Pilzen Magen und Darm entschlackt werden.

Die beiden nächsten Arten müssen pharmakologisch verarbeitet und richtig dosiert werden, um als Medizin brauchbar zu sein. Das Mutterkorn *(Claviceps purpurea)* – ein segensreiches Medikament auf dem Gebiet der Frauenheilkunde – ist sehr giftig und hat im Mittelalter landstrichweise zu Massenvergiftungen mit Todesfolge geführt. Dieser kleine Pilz, der schmarotzend an Getreideähren wächst, gelangte früher, als man die Folgen noch nicht kannte, mit dem Mehl in die Speisen. Dem Maisbrandpilz *(Ustilago maydis)* sagt man ebenfalls Heilwirkung bei Frauenkrankheiten, Migräne, Schuppenflechte, Ekzem usw. nach. Von beiden Arten sind heute Extrakte im Handel.

Auch äußerlich angewandt können Pilze heilsam wirken: Ein Beispiel ist das Judasohr *(Auricularia auricula judae)*, ein gallertiger Pilz, dessen Form an ein Ohr erinnert. Er wächst an alten Holunderstämmen und schrumpft bei Trockenheit. In diesem Zustand ist er dann von trocken-spröder Konsistenz und kann gut aufbewahrt werden. Im Bedarfsfalle, nämlich bei ermüdeten oder entzündeten Augen, kann er in Wasser aufgeweicht und zum Auflegen benutzt werden. Im Volksmund heißt dieser Pilz deshalb auch Augenschwamm.

Zum ewig aktuellen Thema Potenzsteigerung kann ich aus meinem Fachbereich leider nichts Brauchbares beisteuern. Außer einigen vagen Überlieferungen aus Antike und Mittelalter steht nichts in der Literatur. Und praktische Versuche am Manne sind mir zu riskant. Von Casanova wird berichtet, daß er sich durch ausgiebige Portionen von Morcheln in Form gehalten habe. Ich meine aber, hier half wohl mehr der Glaube.

Vom Nutzen der Pilze

Es gibt auch Pilze, die uns – selbst unscheinbar und kaum wahrgenommen – das Leben lebenswert gestalten, denn daß das tägliche Brot und der Festtagskuchen aufgehen, das Bier im Glase schäumt, der Schnaps zustande kommt, der Roquefort gelingt und der Gorgonzola pikant wird: das alles bewirken Pilze! Und daß unzähligen Menschen durch Antibiotica das Le-

Alles über Pilze

ben gerettet werden kann, ist ebenfalls ein Verdienst der Pilze.

Man verzeihe mir, wenn ich hier am Rande auf die Weltgeschichte hinweise, in deren Verlauf sich sogar Giftpilze zuweilen als »nützlich« erwiesen haben. Dank ihrer zuverlässigen Wirkung wurde mancher Thron vorzeitig geräumt.

Sehr wichtig für den Haushalt war früher, als man noch keine Streichhölzer kannte, der Zunderpilz *(Fomes fomentarius)*, auch Feuerschwamm oder Wundschwamm genannt. Er wächst konsolenförmig – vorwiegend an Rotbuchen – und bildet 30–40 cm breite, halbrunde Fruchtkörper. Mit dem zubereiteten leicht brennbaren Zunder fing man die Funken auf, die man durch Schlagen von Eisen (Feuerstahl) auf Feuerstein erzeugte. Die Zunderschicht wurde außerdem als blutstillendes Mittel auf Wunden gelegt. Sogar zu Kleidungsstücken wie Jacken und Mäntel verarbeitete man das weiche Zundermaterial. Mützen aus diesem Pilz werden noch heute in Siebenbürgen hergestellt und getragen.

Selbst in der holzverarbeitenden Industrie werden Pilze eingesetzt: Seit man weiß, daß Holz vom Myzel holzbewohnender Arten ausgelaugt und dadurch in der Struktur verändert wird, erzeugt man diese Myzeldurchwachsung künstlich. Auf diese Weise ersetzt man zum Beispiel in der DDR von Natur aus leichte Hölzer aus teuren überseeischen Importen für die Bleistiftherstellung.

Pilze im Haushalt der Natur

Daraus, daß Pilze Holz umwandeln und sogar völlig abbauen können, ersieht man ihre biologischen Kräfte, und damit sind wir bei der Aufgabe der Pilze im Gleichgewicht der Natur angelangt. Die Pilzpflanze, also das Myzel, setzt in Zusammenarbeit mit Mikroorganismen das von ihr durchwachsene Substrat – totes Holz, Laub, Tannennadeln usw. – in Humus um und bereitet somit den Boden für die nachfolgende Vegetation. Selbst biologische Rodung ist möglich, wenn Baumstümpfe mit holzzersetzenden Pilzarten beimpft werden. Sie zerfallen dann wesentlich schneller.

Dann gibt es auch Arten, die sogenannten Mykorrhizapilze, die in Lebensgemeinschaft mit bestimmten Bäumen wachsen und diesen Partnerbäumen zu kräftigerem Wuchs verhelfen. Das Myzel, das im Gegensatz zur Baumwurzel selbst, in der Lage ist, Stickstoff und andere Substanzen aus dem Boden zu erschließen, umwächst die feinen Wurzelausläufer der Bäume und gibt die Nährstoffe an sie weiter. Seitdem dieser wachstumsfördernde Einfluß von der Forstwirtschaft erkannt wurde, gibt man bei Aufforstung biologisch karger Böden zur Kräftigung der jungen Bäume das entsprechende Myzel mit in die Pflanzgruben.

Wenn ich einen Goldröhrling (Seite 41, 44) finde – er ist ein Musterbeispiel für die Pilz-Baum-Lebensgemeinschaft –, schaue ich mich augenblicklich nach der Lärche um, denn ich hoffe jedesmal, diesen Pilz überlisten und ihn ohne Lärche finden zu können. Niemals ist es geglückt, und niemals könnte es sein, da der Goldröhrling eben auf die Nachbarschaft von Lärchen –

17

Alles über Pilze

eine einzige genügt allerdings schon – angewiesen ist. Er kann ohne sie nicht leben, während die Lärche nicht direkt von ihm abhängig ist, aber in dieser Lebensgemeinschaft besser gedeiht.

Einige Beispiele für Mykorrhizapilze:

Goldröhrling	Lärche
Lärchenröhrling	Lärche
Lärchenritterling	Lärche
Birkenpilz	Birke
Birkenreizker	Birke
Eichenreizker	Eiche
Eichhase	Eiche
Hainbuchenröhrling	Hainbuche
Pappelritterling	Pappel
Erlengrübling	Erle
Erlenkrempling	Erle
Erlenmilchling	Erle
Frostschneckling	Kiefer
Körnchenröhrling	Kiefer
Kupferroter Gelbfuß	Kiefer
Krause Glucke	Kiefer
Grünling	Kiefer
Beringter Ritterling	Weide
Espenrotkappe	Espe
Elfenbeinröhrling	Weymuthskiefer

Vorkommen der Pilze

An Hexerei scheint es zu grenzen, wenn in einer Jahreszeit, in der Anfänger nichts Brauchbares finden, der versierte Pilzfachmann sagt: Heute gehe ich in meinen Wald und hole Pilze – und tatsächlich auch welche bringt. Auf das »Gewußt wo« kommt es hier an.

Die Pilzökologie ist eine fundierte Wissenschaft, und man weiß heute von den meisten Arten, in welcher Lebensgemeinschaft sie wachsen. Ist dann noch die geologische Beschaffenheit bekannt, wird man mit Sicherheit auf bestimmte Arten treffen.

Was wächst wo?
(Beispiele, auszugsweise nach Michael-Hennig IV)

Kiefernwälder bzw. Kiefernmischwälder:
Kuhröhrling, Rosenroter Gelbfuß, Sandröhrling, Habichtspilz, Butterröhrling, Grünling, Erdritterling, Rötlicher Holzritterling, Kiefernzapfenrübling, Scheidenstreifling, Maronenröhrling, Ziegenlippe, Rotfußröhrling, Kupferroter Gelbfuß, viele Täublingsarten, Kiefernreizker (Blutreizker-Unterart), Pfifferling, Hallimasch, Graublättriger Schwefelkopf, Steinpilz, Perlpilz, Pantherpilz, Heideschleierling, Frostschneckling.

Fichtenwälder:
Perlpilz, Safranschirmling, Kleiner Waldegerling *(Agaricus silvaticus),* Anischampignon, Riesenchampignon, Pfifferling, Trompetenpfifferling, Natternstieliger Schneckling, Täublinge, Schwarzbrauner Milchling *(Lactarius lignyotus),* Fichtenreizker (Blutreizker-Unterart), Schafporling, Kuhmaul, Graublättriger Schwefelkopf, Hallimasch, Semmelbrauner Schleimkopf.

Lärchenwälder:
Goldröhrling, Grauer Lärchenröhrling, Rostroter Lärchenröhrling, Hohlfußröhrling.

Alles über Pilze

Buchenwälder:
Steinpilz, Rotfußröhrling, Ziegenlippe, Täublinge, Pfeffermilchling, Königsröhrling, Anhängselröhrling, Riesenrötling, Wäßriger Saumpilz (Weißstieliges Stockschwämmchen), Stockschwämmchen, Austernseitling, Pfifferling, Breitblättriger Rübling.

Eichenwälder:
Grüner Knollenblätterpilz, Steinpilz, Flockenstieliger Hexenpilz, Eichenglucke, Eichhase, Täublinge, Leberpilz, Perlpilz, Eichenmilchling, Maronenröhrling, Rotfußröhrling.

Auwälder:
Mairitterling, Speisemorchel, Käppchenmorchel, Voreilender Ackerschüppling, Schildrötling, Stockschwämmchen, Breitblättriger Rübling, Faltentintling, Glimmertintling, Schopftintling.

Bei Birken:
Birkenpilz (und Unterarten), Rotkappe, Birkenreizker.

Gärten und Parkanlagen:
Geselliger Rasling, Riesenbovist, Schopftintling, Faltentintling, Speisemorchel, Spitzmorchel, Anischampignon, Stadtchampignon, Ziegelroter Rißpilz, Kompostchampignon, Zweisporiger Champignon, Schwefelporling, Schuppiger Porling.

Wiesen und Weiden:
Champignon, Parasolpilz, Graubrauner Rötelritterling, Lilastieliger Ritterling, Nelkenschwindling, Hasenbovist, Wiesenellerling, Großsporiger Champignon, Schopftintling, Ansehnlicher Scheidling, Ackerschirmling.

Weiß man, was man wo suchen muß, dann kommt es nur noch auf die richtige Beurteilung der Witterung an: In einem feuchten Frühsommer kann man zum Beispiel an warmen Südhängen die ersten Steinpilze und Flockenstieligen Hexenröhrlinge oder bei Birken üppige Rotkappen finden, Mai – Juni in den Auwäldern Morcheln und den Mairitterling. Herrscht dann anhaltend sonniges oder gar windiges Wetter, werden wir an Südhängen nichts mehr finden, weil der Boden dort unterdessen viel zu trocken geworden ist. Dann muß man eben sein Glück auf West- und Nordhängen versuchen.

Bei lange anhaltender Trockenheit ist im Fichtenwald auch dann etwas zu finden, wenn unter Buchen schon völlige Pilzarmut herrscht. In einer richtigen Dürreperiode, wenn auf dem ausgetrockneten Erdboden nichts mehr wachsen kann, bleiben immer noch die Baumstümpfe. Sie sind auch dann noch mit dichten Pilzbüscheln besetzt, weil die Wurzeln weiterhin funktionsfähig sind und aus der Tiefe die nötige Feuchtigkeit für die Gastbewohner heraufholen können. Zu den Ratschlägen für trockene Jahre gehört noch der Hinweis, daß dann auf Waldwegen und Schneisen eher etwas wachsen kann. Hier gelangen Nachtfeuchtigkeit oder geringe Niederschläge bis auf den Erdboden, während sie im Wald von den Baumkronen abgefangen werden. Aus dem gleichen Grunde wird man an pilzarmen Herbsttagen auch am ehesten auf Weidewiesen etwas finden, besonders auf solchen, die an Wald grenzen oder mit einzelnen Mykorrhizabäumen besetzt sind.

Alles über Pilze

Was wächst wann?

Auch das Wissen über die Erscheinungszeit der Pilze hilft beim Finden und erleichtert außerdem die Bestimmung einer Art. Viele Pilze haben eine Hauptwachstumsperiode von zwei bis drei Wochen. Fällt in dieser Zeitspanne das Wetter ungünstig aus, können die Pilze ganz ausbleiben. Die Wachstumszeit kann sich zwar, je nach Temperatur und Feuchtigkeit, von einem Jahr zum anderen ein wenig verschieben, allerdings so geringfügig, daß sie dennoch als zuverlässiger Anhaltspunkt dient.

Frühjahr: Im Februar und März können Sie bei dem bereits im Winter an Buchenholz gewachsenen Austernseitling Nachlese halten, außerdem sind noch ein paar Graublättrige Schwefelköpfe an Nadelholz und Samtfußrüblinge zu finden (letztere vorwiegend an Weide). Achten Sie um diese Zeit auf Fichtenzapfen, die in feuchte Nadelstreu eingebettet sind; sie sind oft mit dem Fichtenzapfenrübling dicht besetzt, einem kleinen Pilz, der recht schmackhaft ist. Ab April kommen verschiedene Morcheln, der Märzellerling und auch schon der Rehbraune Dachpilz zum Vorschein. Es wachsen Voreilender Ackerschüppling, Faltentintling und anschließend Mairitterling, Flockenstieliger Hexenröhrling, Wiesenchampignon, verschiedene Becherlinge, an Eiche der Schwefelporling und an weiteren Laubbäumen der Schuppige Porling.

Sommer: Von den Steinpilzen erscheint der Sommersteinpilz als erster, kurz darauf – oftmals in großen Mengen – die bekannte braunhütige und später die rothütige Form des Steinpilzes; außerdem Goldröhrling, Perlpilz, viele Täublinge, Pfifferling, Rotkappe, Ziegenlippe, Reifpilz, ein früher Schub des Sandröhrlings, Nelkenschwindling, Knoblauchschwindling, verschiedene Champignons, Stockschwämmchen, Birkenröhrling sowie diverse Boviste.

Herbst: Außer Nachzüglern der Sommerpilze treffen Sie jetzt die gesamte Herbstpilzflora an: Maronenröhrling, Rotfußröhrling, Butterröhrling, Kuhröhrling, Edelreizker, Brätling, viele Täublinge, verschiedene Ritterlinge, Semmelstoppelpilz, Hallimasch, Kuhmaul, Kupferroten Gelbfuß, Semmelbraunen Schleimkopf, Krause Glucke, verschiedene Schirmpilze, Mengen von Sandröhrlingen, aber auch die beiden bitteren Röhrlinge Gallenröhrling und Schönfußröhrling, dann Scheidenstreifling, Schopftintling, Herbsttrompete, Trompetenpfifferling, Schafporling, Habichtspilz.

Winter: Wenig bekannt ist, daß Sie auch vom Spätherbst bis in den Winter hinein Pilze finden können. Es lohnt sich zu suchen, denn es sind sehr wohlschmeckende darunter: Grünling, Violetter Ritterling, Lilastieliger Ritterling, Schwarzfaseriger Ritterling, Butterrübling, Trompetenpfifferling, Graublättriger Schwefelkopf, Samtfußrübling, Austernseitling, Frostrasling, Frostschneckling, Trüffel.

Alles über Pilze

Der Duft, der sie verrät

Bei einiger Übung kann man Pilze mit Hilfe der Nase finden. Spätestens aber, wenn man den Pilz aufgenommen hat, sollte man seinen Geruchssinn zu Hilfe nehmen. Bei vielen Arten ist der Geruch ein zusätzliches wichtiges Erkennungsmerkmal, besonders bei solchen mit starkem oder außergewöhnlichem Duft. So haben diese Pilze ihren Namen dem besonderen Geruch zu verdanken.

Kurz nach einem Regen werden Sie an einer Gruppe von Knoblauchschwindlingen nicht vorbeikommen, ohne den stark aromatischen Knoblauchduft zu verspüren. Schwindling heißt er übrigens nicht deshalb, weil er verschwindend klein wäre, sondern weil er bei Trockenheit zusammenschrumpft (schwindet), um bei der ersten Feuchtigkeit wieder aufzuquellen und weiterzuwachsen. Er ist der teuerste Speisepilz, da er von Spezialitätenköchen als feinste Würze sehr gefragt ist.

Der Heringstäubling riecht tatsächlich nach Hering, vor allem ältere Exemplare, der Anistrichterling nach Anis, der Jodoformtäubling im Stielgrund nach Jodoform. Der Maggipilz, der nach Maggi riecht, sollte nur getrocknet und gemahlen als Würze verwendet werden; frisch ruft er Magen- und Darmbeschwerden hervor. Der Doppelgänger des Wiesenchampignons, der Karbolchampignon, riecht nach Karbol, der Stachelbeertäubling nach Stachelbeerkompott, der Erdigriechende Klumpfuß nach staubiger Erde, der Maipilz jedoch nach Mehl. Da gibt einer einen starken Geruch nach Bittermandel ab, das ist der Wohlriechende Schneckling, ein anderer duftet unverkennbar nach Kokosflocken, es ist der Duftmilchling. Also für die nächste Pilzjagd nicht nur das Messer sondern auch die Nase schärfen! Der Erfolg kann dann nicht ausbleiben. Wenn allerdings in einem Pilzbuch steht »Geruch nach der Raupe des Weidenbohrers«, wie es bei der Beschreibung des Starkriechenden Schnecklings angegeben ist, dann müssen Sie halt erst an der Raupe riechen.

Um Stinkmorchel und Tintenfischpilz macht man am besten einen großen Bogen; ihr arteigener Gestank ist kaum zu ertragen. Dieser Geruch soll jedoch nicht die Pilzfreunde verjagen, sondern vielmehr Aasfliegen anlocken, die für die Sporenverbreitung sorgen. Die Sporen sind bei diesen Arten in der schleimigen, stinkenden Masse enthalten, die die Fruchtkörper teilweise bedeckt.

Alles über Pilze

Pilze selber züchten

Anbau auf Holz

Jeder kann heute mit Erfolg Pilze züchten, am sichersten holzbewohnende Arten. Man braucht dazu nur ein schattiges Plätzchen im Garten, an dem die beimpften Hölzer eingebettet werden können, und etwas Geduld. Pflege ist in Jahren mit normaler Witterung nicht nötig. Holz ist leicht und billig zu beschaffen.

Das notwendige, im Steril-Labor gezüchtete Impfmaterial, die *Pilzbrut,* kann man kaufen. Sie können diese Pilzbrut jederzeit in die Hölzer bringen, sie ist winterhart, aber das Erscheinen der Pilze ist nur in der von der Natur gegebenen Wachstumsperiode zu erwarten. 4–5 Monate dauert das Einwachsen des Myzels in das Holz, so daß man sich leicht ausrechnen kann, wann die erste Ernte möglich ist, wenn folgende Erscheinungszeiten zugrunde liegen:
Stockschwämmchen – Juni bis September
Sommerausternseitling – Juli bis
 September
Shiitake – Juli bis September
Samtfußrübling – Oktober bis Februar
Austernseitling – Oktober bis Februar
Graublättriger Schwefelkopf – Oktober bis
 März.
Das heißt nun nicht, daß die Hölzer zur genannten Wachstumsperiode laufend mit Fruchtkörpern besetzt sind, sondern diese kommen während der angegebenen Zeit in zwei bis drei Schüben von jeweils 14 Tagen. Die Pilze sollten jung, sobald sie aufgeschirmt sind, geerntet werden.

Als *Zuchtholz* benötigt man – außer für den Graublättrigen Schwefelkopf (*Hypholoma capnoides*), der auf Nadelholz wächst – Laubholz, am besten Buche, Eiche, Kastanie, aber auch Birke, Ahorn oder Esche. Schon dicke Äste von 10–12 cm Durchmesser können verwendet werden. Sie erfordern aber die *Bohrlochmethode,* die zwar erfolgversprechend ist, aber mehr Arbeit macht und eine Bohrmaschine sowie den gekonnten Umgang damit voraussetzt. Einfacher ist es, 50 cm lange Abschnitte von Baumstämmen mit etwa 20–30 cm Durchmesser (und mehr) zu verarbeiten. Dann ist die Beimpfung durch *Stirnseitenbeschichtung* möglich.

Das Holz sollte etwa 65 % Wassergehalt aufweisen, das heißt, es muß im Saft geschlagen oder entsprechend gewässert werden.

Das *Impfen in Bohrlöcher* geschieht folgendermaßen: Spiralenförmig um das Holz werden Löcher von etwa 20 mm Durchmesser gebohrt, etwa 10–12 auf 1 m Länge. Da der Pilz das Holz mit der Faser der Länge nach durchwächst, sollten die Bohrlöcher, damit alle Schichten erfaßt werden, bis zum Kern des Stammes gebohrt werden. Die Pilzbrut wird dann mittelfest hineingestopft und das Loch mit einem Stück Rundholz, Kork oder ähnlichem verschlossen. Beim *Impfen durch Stirnseitenbeschichtung* geht man so vor: Die etwa 50 cm langen Stammabschnitte von 20–30 cm Durchmesser werden senkrecht bis zur Hälfte in die Erde eingesetzt. Auf die Schnittfläche schichten Sie gleichmäßig etwa $1/2$ cm dick die Pilzbrut und setzen einen zweiten, gut passenden Stammabschnitt darauf. Gegen Austrocknung

Alles über Pilze

und Schneckenfraß umwickeln Sie die Impfstelle mit einem 10–15 cm breiten Plastikstreifen (Einkaufsbeutel). Die Pilzpflanze wächst auf diese Weise gleichzeitig in beide Hölzer ein.

Um sie vor Austrocknung zu schützen, ist das *Einbetten der Pilzhölzer* in Erde nötig. Im städtischen Versuchsgarten für Pilzkulturen, dem Hornberger »Pilzgarten«, benutze ich aus Mangel an Humus Späne und Holzabfälle aus der Tischlerei. Sie halten die Feuchtigkeit lange und eignen sich deshalb besonders gut. Dünne Hölzer, nach der Bohrlochmethode beimpft, werden zweckmäßigerweise der Länge nach in eine Furche gelegt und halbhoch mit Gartenerde, Torf, Sand oder Holzabfällen angeschüttet. Die dicken, stirnseitenbeimpften Hölzer bleiben etwa 5 Monate zum völligen Anwachsen der Pilzpflanze aufeinander stehen. Dann kann der obere Stamm mit der Impfstelle nach oben ebenfalls zur Hälfte in die Erde eingesetzt werden, oder Sie betten ihn der Länge nach halbhoch ein.

Bei trockenem Wetter sollte die Anlage ab und zu begossen werden.

Die *Ernte* richtet sich nach der Stärke der Hölzer. Wenn Ihre Pilzkultur gedeiht, können Sie bis zu 10 Jahre und länger ernten. Aber der Erfolg kann auch völlig ausbleiben, wenn die Wachstumsbedingungen für den gewählten Pilz nicht gegeben sind. Wichtig sind die richtige Holzart (Laub- oder Nadelholz) und genügend Feuchtigkeit im beimpften Holz. Sonne und Wind beeinflussen das Pilzwachstum ungünstig, daher sollte für die Anlage eine schattige, aber warme, windgeschützte Stelle gewählt werden. Der japanische Shiitake liebt Wärme und eine gewisse Luftfeuchtigkeit (feuchte Niederungen, Bachläufe) und sollte nur angebaut werden, wenn diese Bedingungen erfüllt werden. Diese Pilzart bringt übrigens erst im zweiten Jahr eine Ernte und soll bis zur Fruchtkörperbildung gestapelt und durch eine Plastikplane gegen Austrocknung geschützt werden. Erst dann werden die Hölzer senkrecht gegen eine Latte aufgestellt. Der Shiitake schmeckt frisch zubereitet wie andere gute Pilze, entwickelt jedoch getrocknet ein eigenartig exotisches Aroma zwischen Knoblauch und Maggi, ähnlich dem der chinesischen Sojasauce.

Anbau auf Stroh

Aus der DDR sind groß angelegte Versuche bekannt mit dem Rotbraunen Riesenträuschling *(Stropharia rugoso-annulata)*, auch Zuchtträuschling genannt. Der Anbau erfolgt auf reinem Stroh ohne Zusätze, das festgetreten als Beet von etwa 20 cm Höhe angelegt wird. Gute Bewässerung ist nötig; eine Hand voll Stroh, ausgepreßt, muß einige Tropfen Wasser abgeben. Die in etwa walnußgroße Stücke zerzupfte Pilzbrut wird, gleichmäßig verteilt, 5 cm tief in das Stroh eingebracht. Auf 1 qm rechnet man eine Packung Brut. Zum Schutz gegen Austrocknung decken Sie nun das Beet mit einer Plastikplane ab und lassen es 4–5 Wochen so liegen. Dann sehen Sie weißes Myzel an der Oberfläche erscheinen. Jetzt nehmen Sie die Plane ab und bedecken das Beet mit einer etwa 5 cm dicken Sandschicht. Nach weiteren 4–5 Wochen kann mit der Ernte begonnen werden.

Alles über Pilze

Die ausgebrachte Riesenträuschlingsbrut braucht eine gewisse Wärme, um sich im Stroh rasch und kräftig ausbreiten zu können. Deshalb legt man das Beet etwa im Mai an und kann dann bestenfalls im Juli/August zu ernten beginnen. Eine weitere Möglichkeit ist, das Beet im August/September anzulegen, wenn Stroh zu bekommen ist. Dann durchwächst die Pilzbrut das Stroh, und das Beet bleibt, mit Erde abgedeckt, den Winter über liegen.

Ich habe umfangreiche Versuche mit anderen Substraten als Stroh gemacht, und es gelang mir, den Rotbraunen Riesenträuschling in kräftigen Exemplaren auf Eichenrinde und auch auf Fichtenspänen zu züchten. Mengenmäßig steht die Ernte nicht hinter dem Strohanbau zurück.

Anbau auf Holzabfällen

Der Rehbraune Dachpilz *(Pluteus cervinus)* wächst in der Natur meist einzeln in schwachen Exemplaren auf totem Laub- und Nadelholz. Züchtet man ihn auf Holzabfällen, wie sie in Sägewerken anfallen, erreicht man sogar büscheliges Wachstum und erhält außerordentlich kräftige Exemplare.

Die Späne werden – auch mit Stroh oder Laub vermischt – zu einem 20 cm hohen Beet aufgeschichtet und gut befeuchtet. Die Pilzbrut wird, gleichmäßig verteilt, etwa 5 cm tief eingedrückt. Sie durchwächst das Substrat und kann schon im ersten Jahr Fruchtkörper tragen.

Lieferanten für Pilzbrut sind zu erfragen in der »Schwarzwälder Pilzlehrschau«, 7746 Hornberg.

Literatur

Delmas, J.: Lassen sich Wildpilze domestizieren? Pepinieristes – horticulteurs – Maraîchers, *140*, 11–15 (1973).

Eger, G.: Untersuchungen über die Bildung und Regeneration von Fruchtkörpern bei Hutpilzen. Arch. Mikrobiol. *52*, 282–290 (1965).

Eger, G.: Altes und Neues über die Kultivierung von Pleurotus ostreatus. Champignon *141*, 7–12 (1973).

Kaneda, N.: Cholesterinsenkende Wirkung des Shiitake. Champignon *67*, 17 (1967).

List, P. H. und Müller, H.: Basische Pilzinhaltsstoffe. 7. Mitteilung. Biogene Amine und Aminosäuren des Ziegelroten Rißpilzes, Inocybe Patouillardii BRES. Arch. Pharm. *64*, 777–787 (1959).

List, P. H. und Luft, P.: Gyromitrin, das Gift der Frühjahrslorchel Helvella (Gyromitra) esculenta PERS. ex FR. Zeitschr. Pilzk. *34* (1968).

Luthardt, W.: Holzbewohnende Pilze. Wittenberg, 1969.

Michael-Hennig: Handbuch für Pilzfreunde. Band I–V, Jena, 1968.

Moser, M.: Die Röhrlinge und Blätterpilze (Agaricales). H. Gams: Kleine Kryptogamenflora IIb/2: Stuttgart, 1967.

Moser, M.: Ascomyceten (Schlauchpilze). H. Gams: Kleine Kryptogamenflora IIa. Stuttgart, 1963.

Moser, M.: Die künstliche Mykorrhizaimpfung von Forstpflanzen. Cbl. 77, 257–320 (1958).

Passecker, F.: Wertvolle Speisepilze unserer Wälder werden zu Kulturpflanzen. Z. Pilzkde. *35*, 1–12 (1969).

Schmidlin-Mészáros, J.: Gyromitrin in Trockenlorcheln (Gyromitra esculenta sicc.) Mitt. Gebiete Lebensm. Hyg. *65*, 453–465 (1974).

Schmidt, J., Hartmann, W., Würstlin, A. und Deicher, H.: Akutes Nierenversagen durch immunhämolytische Anämie nach Genuß des Kahlen Kremplings (Paxillus involutus). Dt. med. Wschr. *96*, 1188–1191 (1971).

Smith, J.: Commercial Mushroom Production – 2. Process Bioch, 1972.

Zadrazil, F. und Schneidereit, M.: Die Grundlagen für die Inkulturnahme einer bisher nicht kultivierten Pleurotus-Art. Champignon *12* 3–10 (1972).

Zeitlmayr, L.: Knaurs Pilzbuch. München 1955.

Katalog der Pilze

Die besten Speisepilze Europas und die gefährlichsten giftigen Doppelgänger in naturgetreuen Farbfotos und ausführlichen Beschreibungen. Mit wertvollen Tips für die Pilzküche.

Vorbemerkung

Die Farbtafeln

Alle Erkennungsmerkmale der besten Speisepilze Europas sowie der wichtigsten ungenießbaren und giftigen Pilze werden auf den Farbfotos 1–54 genau gezeigt. Zum schnellen Nachschlagen wurden die Fotos auf verschiedenfarbige Tafeln gestellt. Für die Speisepilze wurde *grün* gewählt. Eine Ausnahme machen zwei ungenießbare, aber nicht giftige Röhrlinge, die zum Vergleich mit den vorhergehenden eßbaren Röhrlingen im Anschluß an diese gebracht werden. Bei den *roten* Bildtafeln heißt es »Achtung Giftpilze!«.

Mancher Pilz hat viele Namen

Der Volksmund hat den Pilzen gebietsweise sehr unterschiedliche Namen gegeben. Außer den allgemein üblichen Bezeichnungen, die von Norddeutschland bis zum Schwarzwald reichen, wurden auch die recht eigenwilligen – vom Kosenamen bei beliebten Pilzen bis zum Schimpf bei verdächtigen reichend – aus Bayern, Tirol, Österreich, der Tschechoslowakei und der Schweiz berücksichtigt.

Ausnahmen bestätigen die Regel

In der schematischen Beschreibung der Pilze wurde von normalen Erscheinungsformen ausgegangen. Nun gibt es von fast allen Arten auch Farbabweichungen, Zwergen- und Riesenformen oder Mißgestaltungen, auf die im einzelnen nicht eingegangen wurde. Der erfahrene Pilzfreund weiß von diesen Ausnahmen, und der Anfänger lernt nach genügender Praxis, sie zu erkennen. Besonders im Spätherbst, wenn es viel regnet oder ein früher Frost über die Pilze geht, kann sich manche Art bis zur Unkenntlichkeit verändern. In allen Zweifelsfällen gilt der Grundsatz: Auf nicht sicher bestimmbare Pilze verzichten!

»Ungenießbar« oder »roh giftig«

Die Bezeichnung »ungenießbar« heißt, daß der Pilz wegen seines bitteren oder scharfen Geschmacks nicht eßbar ist. Er ist deshalb aber nicht giftig und kann, um ihn von eßbaren Arten zu unterscheiden, roh probiert werden.

»Roh giftig« bedeutet, daß der Pilz bekömmlich und völlig ungefährlich ist, wenn er erhitzt, also gebraten, geschmort oder gekocht wird. Ein Vorkochen ist überflüssig und würde unnötig das Aroma entziehen. Viele unserer guten Speisepilze sind roh leicht giftig, so daß man bei Pilzen – einzelne Arten ausgenommen – vom Rohgenuß absehen sollte. Eine Probe vom rohen Pilz zum Bestimmen ist unschädlich.

Die Farbe des Sporenstaubs

Die oftmals zur Bestimmung wichtige Sporenstaubfarbe eines Pilzes ist einfach festzustellen: Der Hut wird dicht am Stiel abgeschnitten und auf ein reinweißes Blatt Papier gelegt. Darüber stellt man ein Glas, damit die zum Sporenabwurf nötige Feuchtigkeit erhalten bleibt. Nach einigen Stunden erkennen Sie dann nicht nur die Spo-

Vorbemerkung

renstaubfarbe, sondern werden auch durch ein naturgetreues Abbild der Lamellenanordnung überrascht.

Eigene Notizen

Und zum Schluß meine dringlichste Empfehlung: Benutzen Sie, wann immer es etwas Bemerkenswertes zu einer Pilzart gibt, die Rubrik »Eigene Notizen« für Eintragungen über Erscheinungszeit in Ihrem Gebiet, Farbabweichungen, Standort, Begleitflora usw. Das hilft Ihnen, jedes Jahr wieder zur richtigen Zeit am trächtigen Ort zu suchen, und es erleichtert die Bestimmung, wenn man den Pilz vom notierten Fundort her schon kennt. So schaffen Sie sich mit der Zeit ein individuelles Pilzbuch, das durch kein besseres ersetzt werden kann.

Schüpplinge

1 Hallimasch Roh giftig!

Heckenschwamm, Hohlmütze, Honigpilz, Michaelischwamm, Schulmeister, Stubbling, Wenzelspilz, Honigringling, Halamarsch, Stuakschwammala
Armillariella mellea

Hut: 5–10 cm Durchmesser, dünnfleischig, in der Farbe sehr variabel, meist hell- bis mittelbraun, aber auch gelblich bis braungrünlich, mit dunklen Schuppen besetzt, die sich auf dem Scheitel verdichten. Junge Hüte fast kugelig und durch eine weiße Teilhülle mit dem Stiel verbunden.

Lamellen: gelblich bis hellbräunlich.

Stiel: schlank, bräunlich gefasert oder berindet, an der Spitze hell, gerillt, mit weißem wattigem Ring als Rest der Teilhülle, Basis verdickt.

Fleisch: im Hut dünn, spröde, in der Stielspitze weiß, weich, zur Basis hin holzig.

Geschmack: säuerlich, unangenehm zusammenziehend. Darf probiert werden.

Vorkommen: Besonders im September büschelig, vorwiegend an Nadelholzstümpfen.

Wert: roh giftig! Junge Exemplare sind recht gute, aromatische Speisepilze.

Verwechslungsmöglichkeit: in der Größe eventuell mit dem unschädlichen **Sparrigen Schüppling** *(Pholiota squarrosa)*, der Laubholz bevorzugt.

Wie alle Pilze, die in Mengen auftreten, ist der Hallimasch bei den Sammlern sehr beliebt. Es ist ja auch eine Freude, an einem bestimmten Tag zu einem bekannten Baumstumpf zu wandern und dort von diesem alljährlich zuverlässigen Sprosser 50 Hütchen oder mehr zu ernten. Wir brauchen ob unserer Räuberei nicht einmal ein schlechtes Gewissen zu haben, denn dieser parasitische Pilz ist ein Baumzerstörer und in der Forstwirtschaft sehr gefürchtet, denn er geht auch lebende Stämme an und zerstört sie. Wenn ganze Pilzbüschel wie bemehlt aussehen, so kommt dies von dem weißen Sporenstaub, der bei Reife reichlich aus den oberen Pilzen auf die darunter wachsenden fällt.

Tips für die Pilzküche: Der Hallimasch ist roh giftig und muß gut erhitzt und etwa 10 Minuten durchgekocht werden. Da der Pilz recht aromatisch ist, sollte man nicht auf ihn verzichten. Junge Hüte eignen sich sehr gut zur Zubereitung von Essigpilzen (Seite 130, 134).

Eigene Notizen:

Schirmlinge

2 Parasolpilz

Riesenschirmling, Großer Schirmling, Riesenschirmpilz
Macrolepiota procera

Hut: 10–30 cm Durchmesser, hellgrundig mit braunen, dachziegelartig angeordneten Schuppen (durch Aufreißen der Huthaut beim Aufschirmen), Scheitel einheitlich braun, erhaben. Ganz junge Hüte sind kugelig bis eiförmig, durch einen schmalen Hutsaum mit dem Stiel verbunden (Paukenschlegel).

Lamellen: weiß-cremefarben, im Alter mit rosa Schein, frei. Beim ausgereiften Pilz Kollar zwischen Lamellen und Stielansatz gut zu erkennen.

Stiel: 30–40 cm hoch, hellgrundig mit brauner Natterung, innen hohl, derber, fetziger, verschiebbarer Ring, Basis knollig.

Fleisch: weiß, weich, im Stiel faserig zäh.

Geschmack: nußartig.

Vorkommen: Sommer bis Herbst auf Lichtungen, Waldwiesen, an grasigen Plätzen.

Wert: bei richtiger Zubereitung sehr guter Speisepilz.

Verwechslungsmöglichkeit: kaum mit Giftpilzen.

Der Parasol hat seinen Namen zu Recht, entfaltet sieht er wie ein Schirm aus. Ein etwas kleinerer, sehr ähnlicher Schirmling wächst im Fichtenwald. Nach Anschnitt, besonders bei jungen Exemplaren, läuft das Fleisch roströtlich an; es ist der **Safranschirmling** *(Macrolepiota rhacodes)*. Er besitzt etwa den gleichen Speisewert wie der Parasol und wird ebenso verarbeitet. Auf Weiden gibt es den **Ackerschirmling** *(Macrolepiota excoriata)* mit 6–10 cm Hutdurchmesser und sternförmig aufgerissener Oberhaut, auf Äckern den **Rosablättrigen Schirmling** *(Leucoagaricus naucinus)*. Vorsicht bei kleineren Vertretern dieser Gattung, da unter den Zwergschirmlingen einige ungenügend geklärte und auch giftige Arten existieren, die aber recht selten sind.

Tips für die Pilzküche: Der Parasol sollte recht jung als Bratspezialität (Seite 120 f.) in die Pfanne kommen. Für ein Mischgericht sind nur die jungen, völlig geschlossenen Hütchen zu gebrauchen. Reife Pilze werden sehr zäh.

Eigene Notizen:

Seitlinge

3 Austernseitling

Pleurotus ostreatus

Hut: 10–20 cm breit, in der Farbe stark variierend, weißlich, gelb, bläulich über braun bis dunkelbraun und schwärzlich, dickfleischig.

Lamellen: weißlich, im Alter hellbraun, am Stiel herablaufend.

Stiel: kurz, seitlich, mit anderen büschelig verwachsen.

Fleisch: weiß, jung weich, alt zäh werdend, im Stiel fast korkig.

Vorkommen: Oktober bis März dachziegelartig übereinander an kranken Buchen (auch anderen Laubbäumen) oder totem Laubholz.

Wert: guter Speisepilz.

Verwechslungsmöglichkeit: kaum mit Giftpilzen.

Ein aus Amerika von Prof. G. Eger mitgebrachter Austernseitling kann auch bei uns gezüchtet werden und sogar im Sommer Fruchtkörper tragen, da er zur Ausbildung der Pilze keinen Kälteschock braucht wie unser im Winter wachsender Austernseitling. In der Qualität sind beide Arten gleichwertig.

Im Winter gibt es nicht viel Auswahl an frischen Pilzen. Schon deshalb ist der Austernseitling interessant für die Küche. Er ist aber durchaus kein Lückenbüßer, denn junge Hüte sind zartfleischig und haben ein sehr gutes Aroma. Es entspricht allerdings auch bei viel gutem Willen nicht dem von Kalbfleisch – es ist anders, eben pilzig, aber deshalb nicht schlechter –, dennoch wird der Pilz, wenn er aus Kulturen geerntet und verkauft wird, von geschäftstüchtigen Händlern als »Kalbfleischpilz« angepriesen. Er ist leicht anzubauen (Seite 22 ff.) und trägt gerade zu Weihnachten Früchte, wenn der letzte Pfiff zum Festtagsbraten noch fehlt.

Tips für die Pilzküche: Der Austernseitling kann auf jede Weise zubereitet werden, eignet sich aber ganz besonders gut für das Steak amerikanisch (Seite 116).

Eigene Notizen:

Tintlinge

1 Hallimasch ▷

4 Schopftintling

Spargelpilz, Porzellantintling
Coprinus comatus

Hut: 10–12 cm hoch, walzenförmig, weißlich, schuppig, mit braunem Scheitel, Hut im Alter tintenartig zerfließend.

Lamellen: jung weiß, vom Rand her rosa bis violett, später gänzlich schwarz werdend und zerfließend.

Stiel: weiß, schlank, Basis verdickt. Der Hutabschluß des jungen Pilzes bildet nach Aufschirmen einen verschiebbaren Ring.

Fleisch: weiß, sehr zart.

Vorkommen: Sommer bis Herbst schubweise auf gedüngten Wiesen, aber auch auf Schuttplätzen.

Wert: jung eßbar und zartfleischig, wenig Eigenaroma.

Verwechslungsmöglichkeit: kaum mit Giftpilzen.

Das ist der Pilz, zu dem man außer Korb und Messer auch noch den Camping-Kocher braucht, oder man muß schnell laufen können, sagen die Pilzsammler. Schon in 1–2 Stunden kann der eben noch junge Pilz sich verfärben, und dann dauert es auch nicht mehr lange, bis er zu zerfließen beginnt, erst tröpfchenweise vom Rand her, und später löst sich dann der ganze Hut in schwarztintigem Wohlgefallen auf.

Ein Verwandter – etwas derbfleischiger und aromatischer – ist der **Faltentintling** *(Coprinus atramentarius).* Sein Hut ist grau gefärbt und jung wie in kleine Falten gelegt. Nach dem Aufschirmen zerfließt auch er bald schwarztintig. Er wächst vom Frühjahr bis zum Herbst meist büschelig auf fetten Böden oder faulendem Holz. Jung darf auch er verwertet werden, aber für ihn gilt das Alkoholverbot (Seite 14)! Der schwarze Saft des Faltentintlings, filtriert und mit einigen Tropfen Nelkenöl sowie etwas Gummi arabicum versetzt, ergibt eine Tinte, die früher tatsächlich zum Schreiben benutzt wurde. Da sie sich absetzt, muß sie vor Gebrauch geschüttelt werden.

Tips für die Pilzküche: Dem Aroma des zartfleischigen Pilzes muß man schon durch entsprechende Würze oder Spezialzubereitung (Seite 116) etwas nachhelfen. Nur Pilze verarbeiten, deren Lamellen gänzlich weiß sind.

Eigene Notizen:

2 Parasolpilz

4 Schopftintling

3 Austernseitling

5 Riesenbovist

Boviste

5 Riesenbovist

Calvatia gigantea

Fruchtkörper: 30–50 cm groß, kugelig, jung weiß, matt, feinfilzig, alt graubraun, bröckelig, häutig.

Innenmasse: erst weiß und festfleischig, später grünlich und matschig, im Alter braun bis olivbraun pulverig.

Vorkommen: August oder September auf fetten Böden, in Gärten und Parks, auf Weiden und Wiesen. Standorttreu.

Wert: wenig Eigenaroma, bei richtiger Zubereitung schmackhaft. Wegen seiner Ergiebigkeit geschätzter Speisepilz.

Verwechslungsmöglichkeit: kaum mit Giftpilzen.

Mit einem einzigen Riesenbovist können Sie eine Großfamilie satt machen, wenn Sie Glück hatten, sogar mit zwei Nebenfrauen (er kommt auch im Orient vor). Ein Gewicht von 6–10 kg ist keine Besonderheit. Er wächst schnell und kann am dritten Tag schon zu alt für die Küche sein. Die Grundregel lautet (ebenso für alle weiteren Weichboviste wie **Flaschenbovist**, *Lycoperdon perlatum*, **Schwärzender Eierbovist**, *Bovista nigrescens*, **Hasenbovist**, *Calvatia utriformis* usw.): verwertbar, solange das Fleisch weiß und fest ist.

Nicht eßbar unter den Bovisten sind der **Dickschalige Kartoffelbovist** (*Scleroderma aurantium*) und der **Dünnschalige Kartoffelbovist** (*Scleroderma verrucosum*).

Tips für die Pilzküche: Nach Abschälen der bröckeligen Hülle – nicht waschen! – werden fingerdicke Scheiben oder Stifte geschnitten und nach Spezialrezepten (Seite 123) – verarbeitet. Die reife, pulverige Sporenmasse kann man auch unter Butter rühren – oder damit das Baby pudern. Anscheinend wußte man im Bayerischen Wald besonders gut, die Heilkräfte der Natur zu nutzen; dort wurden sogar brandige Wunden mit dem Sporenpulver ausgeheilt.

Eigene Notizen:

Röhrlinge

6 Ziegenlippe

Filzröhrling, Gänsemaul, Mooshäuptchen
Xerocomus subtomentosus

Hut: 6–8 cm Durchmesser, bräunlich bis oliv, immer feinfilzig matt wie feinstes Wildleder. Huthaut mit dem Fleisch verwachsen und nicht abziehbar, bei Trockenheit oft felderig gerissen.

Röhren: lebhaft goldgelb, bis ins Alter so bleibend, Mündungen auffallend weit, auf Druck keine Verfärbung.

Stiel: gelb-bräunlich, schlank und meist länger als der Hut breit.

Fleisch: im Hut weißlich, im Stiel gelblich.

Vorkommen: häufiger Pilz mit großer Verbreitung, Juli bis Oktober in Laub- und Nadelwald.

Wert: guter Speisepilz.

Verwechslungsmöglichkeit: kaum mit Giftpilzen.

Die Ziegenlippe ist gut von ähnlichen Röhrlingen zu unterscheiden, wenn man die wildlederartige Huthaut und die leuchtendgelben Röhren beachtet. Nur junge Exemplare verwenden; ältere, durchfeuchtete werden schwammig. Gerade die Ziegenlippe wird in diesem Zustand häufig von einem parasitischen Pilz, dem Goldschimmel, befallen, der den Fruchtkörper gänzlich mit einer weißen flaumigen, unterseits gelben Schicht überzieht.

Tips für die Pilzküche: Die Ziegenlippe ist für alle Gerichte brauchbar, zu denen Mischpilze empfohlen werden. Ein Pilz, der durch sein gutes Aroma den Geschmack eines Pilzgerichts sehr verbessern kann. Ganz junge Hüte können auch für Spezialgerichte (Pilze chinesisch, Seite 129, 131, Jägerfrühstück, Seite 112, Essigpilze, Seite 130, 134) verwendet werden.

Eigene Notizen:

Röhrlinge

7 Steinpilz

Herren- oder Edelpilz, Steinkopf, Braunkopp, Dobernigel
Boletus edulis

Hut: weißlich, hell- bis dunkelbraun, dickfleischig, polsterförmig, bis 20 cm Durchmesser, ausnahmsweise auch darüber. Huthaut wenig vom Rand her abziehbar.

Röhren: jung weißlich, dann gelblich, im Alter olivgrün, leicht vom Hutfleisch ablösbar.

Stiel: jung knollig, später walzenförmig bis schlank, fleischig. Farbe weißlich oder bräunlich, immer mit feiner erhabener, meist weißer Netzeichnung in Nähe der Stielspitze. Je nach Alter und Standort 10–20 cm hoch.

Fleisch: weißlich, von mildem Geschmack.

Vorkommen: Sommer bis Herbst in Laub- und Nadelwald.

Wert: sehr guter Speisepilz.

Verwechslungsmöglichkeit: mit dem ungenießbaren **Gallenröhrling** (Seite 47, 53).

Es gibt mehrere Unterarten des Steinpilzes, die zu unterschiedlichen Jahreszeiten bzw. an verschiedenen Standorten erscheinen. Der **Sommersteinpilz** wächst schon ab Mai, vorwiegend in Eichenbeständen, weshalb er auch **Eichensteinpilz** genannt wird. Er hat von der Farbe her am meisten Ähnlichkeit mit dem **Gallenröhrling,** dem ungenießbaren, bitteren Doppelgänger des Steinpilzes, kann durch die Geschmacksprobe am rohen Pilz aber sofort von diesem unterschieden werden. Der **Schwarzhütige Steinpilz** oder **Bronzeröhrling** liebt die Wärme und ist tief dunkelbraun. Er hat festeres Fleisch und zeigt eine kompaktere Wuchsform. Diese Art ist der Pilz der Saison in Italien. Dann gibt es noch Farbnuancen nach rötlich und weinrötlich, an der Netzeichnung jedoch ist der Steinpilz immer zu erkennen.

Tips für die Pilzküche: Der Steinpilz eignet sich für fast jede Art der Zubereitung und kann auch roh genossen werden. Seine Beliebtheit verdankt er nicht so sehr der Qualität – es gibt aromatischere Arten – als vielmehr seiner Unverwechselbarkeit. Man kann ihn ruhigen Gewissens essen, denn es gibt keinen ähnlichen Pilz, mit dem man sich ernsthaft vergiften könnte.

Eigene Notizen:

Röhrlinge

8 Maronenröhrling

Braunhäuptchen, Frauenschwamm, Graspilz, Marienpilz, Schafschwamm, Tannenpilz
Xerocomus badius

Hut: 6–10, manchmal auch bis 15 cm Durchmesser, kastanienbraun, dunkelbraun. Jung matt-filzig, alt glatt und blank, bei Feuchtigkeit schmierig.

Röhren: jung gelblich, später gelbgrünlich bis oliv, auf Druck blaugrün verfärbend.

Stiel: bräunlich gefasert.

Fleisch: weißlich bis blaßgelblich, auf Druck meist blau verfärbend.

Vorkommen: Sommer, besonders aber im Herbst, in Nadelwald oft Massenpilz, vereinzelt auch im Laubwald.

Wert: guter Speisepilz.

Verwechslungsmöglichkeit: kaum mit Giftpilzen.

Der Maronenröhrling kommt in der Nadelstreu mit kurzem kräftigem, im Gras mit längerem schlankem Stiel vor. Er macht eine Ausnahme in der allgemeinen Regel der begrenzten Erscheinungszeiten. In immer neuen Schüben ist er vom Sommer bis in den Winter hinein zu finden. Im Oktober/November wird er, besonders in Höhenlagen, oft vom Frost überrascht. Die Röhrenschicht scheint empfindlich zu reagieren, die Mündungen verfärben braun und verkümmern. Wenn der Pilz sonst gesund ist – er wächst trotz dieser kleinen Frostschäden sogar weiter –, kann man die dünne veränderte Schicht wegschneiden und ihn ohne Gefahr verwenden.

Tips für die Pilzküche: Es lassen sich exzellente Einzelgerichte mit dem Maronenröhrling zubereiten, und in Mischgerichten wirkt er geschmacksverbessernd. Zum Trocknen ist er besonders gut geeignet, da er zu den wenigen Pilzen gehört, die sich ohne Waschen ganz sauber putzen lassen. Als Sauceneinlage und Gulaschverfeinerung ist er sehr geschätzt.

Eigene Notizen:

Röhrlinge

9 Rotfußröhrling

Rotfüßchen
Xerocomus chrysentheron

Hut: 4–7 cm Durchmesser, mittel- bis dunkelbraun, Huthaut mit dem Fleisch verwachsen, bei Trockenheit oft felderig gerissen. In den Rissen und an Fraßstellen nach einer gewissen Zeit rötlich verfärbend.

Röhren: jung blaßgelblich, später grüngelb bis oliv, auf Druck blaugrün verfärbend.

Stiel: meist dünn, gelb-bräunlich mit Rotfärbung, die aber auch fehlen kann.

Fleisch: gelblich, im Stielgrund rötlich, bei Anschnitt meist bläulich verfärbend.

Vorkommen: Sommer bis Herbst in Laub- und Nadelwald.

Wert: Speisepilz mittlerer Qualität, für Mischgerichte und zum Trocknen geeignet.

Verwechslungsmöglichkeit: kaum mit Giftpilzen.

Wo einer steht, da finden sich auch noch mehr, und bei genauem Nachsuchen noch mehr, denn meist tritt der Rotfußröhrling gesellig auf, und wenn sich das Auge erst an seine Tarnfarbe gewöhnt hat, sammelt man rasch eine gute Portion ein. Junge Exemplare sind qualitativ am besten. Auch er wächst recht sauber und ist daher besonders zum Trocknen geeignet. Will man ihn von anderen ähnlichen Röhrlingen genau unterscheiden – es kommen eigentlich nur eine atypische **Ziegenlippe** oder ein schmächtiger **Maronenröhrling** in Frage –, achte man auf die rote Pigmentschicht, die unmittelbar unter der braunen Huthaut liegt. Ist keine verfärbte Fraßstelle vorhanden, um sie zu erkennen, kann man durch eine ganz leichte Verletzung der Huthaut das Vorhandensein der rötlichen Schicht prüfen.

Eigene Notizen:

Röhrlinge

10 Butterpilz

Schmerling, Kieferling, Schleimchen, Butterröhrling, Schälpilz, Föhrenschwamm, Schafhäuterl, Schmalzling, Schmalzer, Huasara, Rotzling, Masling, Rotzer, Schmierling, Glouskerl, Pomeisl
Suillus luteus

Hut: 8–10 cm Durchmesser, schokoladenbraun, porphyrbraun (mit einem Stich ins Lila), manchmal auch gelbbraun, dunkel radial geflammt. Oberhaut jung schleimig, alt glatt und glänzend, leicht abziehbar.

Röhren: hellgelb, später schmutziggelb, in der Jugend von einer weißen häutigen Teilhülle bedeckt.

Stiel: blaßgelb, zur Basis hin bräunlich, als Rest der Teilhülle weißer Ring im oberen Drittel, der bald von den ausfallenden Sporen ockerbraun bepudert ist.

Fleisch: gelb, weich.

Vorkommen: Sommer bis Herbst besonders in Kiefernwald, an Wegen und in Schneisen.

Wert: schmackhafter Speisepilz.

Verwechslungsmöglichkeit: mit eßbaren schleimigen Röhrlingen. Kein entfernt ähnlicher Giftpilz.

Es ist wichtig, gerade den Butterpilz schon im Wald sauber zu putzen, denn er sollte nicht gewaschen werden, weil er Wasser wie ein Schwamm aufsaugt. Die schmierige Oberhaut des Hutes muß ohnehin gleich nach dem Aufnehmen des Pilzes abgezogen werden, weil sonst das übrige Sammelgut verschmutzt würde, und so kann man auch den Stiel schnell etwas säubern. Für Pilzarten, die man nicht waschen soll, daher immer ein Extrakästchen im Korb bereithalten. Vergessen Sie die Stelle nicht, an der Sie von ganzen Kolonien dieses Pilzes überrascht wurden; im nächsten Jahr wird Ihre Nachsuche durch neue Funde belohnt werden, denn er ist standorttreu.

Tips für die Pilzküche: Der Butterpilz eignet sich wegen seiner Zartfleischigkeit besonders zum Braten (Seite 116) und auch zu jedem Mischgericht.

Eigene Notizen:

Röhrlinge

11 Goldröhrling

Schöner Röhrling, Goldgelber Lärchenröhrling
Suillus grevillei

Hut: 5–10 cm Durchmesser, goldgelb bis goldbraun. Oberhaut schleimig, bei älteren Exemplaren abziehbar.

Röhren: gelb, später bräunlichgelb, jung von gelber schleimiger Teilhülle bedeckt.

Stiel: gelb, braun gefasert, im oberen Drittel schleimiger gelblicher Ring als Rest der Teilhülle, im Alter nur andeutungsweise vorhanden.

Fleisch: gelblich, weich.

Vorkommen: Sommer bis Herbst in Lärchenwald, aber auch bei einzelnen Lärchen. Mykorrhizapilz (Seite 17 f.).

Wert: guter Speisepilz.

Verwechslungsmöglichkeit: mit anderen eßbaren schleimigen Röhrlingen, kaum mit Giftpilzen.

In die Gruppe der schmierigen Röhrlinge, die am besten gleich im Wald abgezogen und geputzt und später nicht gewaschen werden, gehört auch der Goldröhrling. Allerdings habe ich bei ihm die Erfahrung gemacht, daß junge Exemplare – und die sind gerade besonders schmierig – sich sehr schlecht bzw. gar nicht abziehen lassen. Dann ist gründliches Waschen nicht vermeidbar, sondern sogar sehr nötig, weil der Pilzschleim sich entsprechend auf das Pilzgericht auswirkt. Nach einigen Fehlversuchen habe ich die jungen Goldröhrlinge erst ein bißchen beschimpft und ihnen dann mit heißem Wasser und Schwamm einzeln die Köpfe gewaschen. Dann ging's, und ich wurde mit einem appetitlichen »Goldröhrlingssegen« (Seite 117) bedacht.

Eigene Notizen:

Röhrlinge

12 Flockenstieliger Hexenröhrling

Schusterpilz, Samtkappe, Schuppenstieliger Hexenröhrling, Zigeuner
Boletus erythropus

Hut: 12–15 (20) cm Durchmesser, hell- bis dunkelbraun, fein samtig, filzig-matt. Oberhaut nicht abziehbar.

Röhren: gelboliv mit roten Mündungen, also bei Aufsicht rot, an Druckstellen dunkelblau verfärbend.

Stiel: gelb, mit roten Flocken dicht besetzt, meist dickbauchig, stämmig.

Fleisch: gelb, nach Anschnitt sofort blau verfärbend.

Vorkommen: Mai bis Oktober in Laub- und Nadelwald.

Wert: sehr guter Speisepilz.

Verwechslungsmöglichkeit: mit ungenießbaren Röhrlingen (Seite 47, 49, 53), **Satansröhrling** (Seite 94, 97).

Mit Hexerei muß es zugehen, wenn ein Pilz sich nach Anbruch sofort blau verfärbt, meinte man früher, als es noch Hexen gab, und schon hatte er seinen Namen weg. Der Flockenstielige Hexenröhrling ist fast wertvoller als der **Steinpilz**, da er bei gleicher Qualität nicht wie dieser von Maden befallen wird. Die Blauverfärbung geht zurück, wenn der Pilz in der Pfanne schmort. Er wird dann appetitlich gelb. Ein Verwandter, der **Netzstielige Hexenröhrling** (*Boletus luridus*), sieht ähnlich aus, reagiert auch mit Blauverfärbung, weist aber eine dunkle Netzzeichnung am Stiel auf und bevorzugt einen Standort bei Laubbäumen auf Kalk. Es wäre kein Unglück, ihn zu erwischen, denn er schmeckt genau so gut. Nur muß man wissen, daß er roh nicht bekömmlich ist und sich auch nicht mit Alkohol verträgt (siehe Seite 14). Wenn man den Hut durchschneidet, findet sich beim Netzstieligen Hexenröhrling eine rote Pigmentschicht zwischen Hutfleisch und Röhren, an der er stets zu erkennen ist.

Eigene Notizen:

6 Ziegenlippe

8 Maronenröhrling

7 Steinpilz

9 Rotfußröhrling

10 Butterpilz

12 Flockenstieliger Hexenröhrling

11 Goldröhrling

13 Körnchenröhrling

Röhrlinge

13 Körnchenröhrling

Schmerling, Rotzling, Pimk, Pimp, Schalschwamm, Maschlurken, Schälpilz
Suillus granulatus

Hut: 8–10 cm Durchmesser, gelbbraun, schokoladenbraun. Oberhaut schleimig, abziehbar.

Röhren: hellgelb, später schmutziggelb, bei Feuchtigkeit milchweiße Tröpfchen ausscheidend, die nach Eintrocknen braune körnige Flecken hinterlassen.

Stiel: gelblich, an der Stielspitze mit feinen weißen, später braunen Körnchen besetzt (Lupe).

Fleisch: weißlich, hellgelb, weich.

Vorkommen: Sommer bis Herbst bei Kiefern, besonders auf Kalk.

Wert: guter Speisepilz, in der Qualität etwa wie der bekanntere **Butterpilz** (Seite 40, 44).

Verwechslungsmöglichkeit: mit ähnlichen eßbaren Röhrlingen, kaum mit Giftpilzen.

Im großen ganzen sieht der Körnchenröhrling aus wie ein Butterpilz ohne Ring am Stiel, er hat aber bei genauerer Überprüfung genügend Artmerkmale, nach denen man ihn sicher bestimmen kann. Auch er sollte gleich am Standort geputzt sowie von der Oberhaut befreit werden, in den Extrabehälter kommen und zu Hause nicht mehr gewaschen werden.

Mit dem Körnchenröhrling haben wir das typische Beispiel für die Pilz-Baum-Lebensgemeinschaft (Mykorrhiza, Seite 17 f.). Er wächst bei Kiefern und bevorzugt Kalk im Boden. An günstigen Standorten kann er dann als Massenpilz auftreten.

Tips für die Pilzküche: Dieser Pilz kann für Einzelgerichte und alle Mischgerichte verwendet werden. Ganz junge feste Exemplare eignen sich natürlich auch zum Trocknen.

Eigene Notizen:

Röhrlinge

14 Rotkappe

Rotkäppchen, Rothäuptchen, Rotdocke, Rothautröhrling
Leccinum testaceo-scabrum

Hut: bis 15 (20) cm Durchmesser, rotbraun, orangebraun, orangegelb, im Alter mittelbraun, Huthaut feinfilzig-trocken, etwas körnig.

Röhren: jung dunkelgrau, später heller bis gelblichgrau.

Stiel: weiß mit schwarzen filzigen Flocken, kräftig bis bauchig, später schlank walzenförmig.

Fleisch: weiß, ziemlich derb, fest, an der Luft grauviolett, auch bläulichgrau verfärbend, beim Schmoren schwarz werdend.

Vorkommen: Sommer bis Herbst, besonders bei Birken.

Wert: guter Speisepilz, schmackhaft und ergiebig, gut zum Trocknen geeignet.

Verwechslungsmöglichkeit: kaum mit Giftpilzen.

Die Farbe der Rotkappe kann stark variieren. Eine Abart unter Zitterpappeln, die **Espenrotkappe** *(Leccinum aurantiacum)*, ebenfalls eßbar und gut, ist durch andere Stielzeichnung zu erkennen: jung weißschuppig, später färben die Schuppen sich rötlich bis bräunlich. Eine alte Rotkappe von einem alten **Birkenpilz** – beide können in diesem Zustand sehr ähnlich aussehen – gleich am Standort ohne Abschneiden zu unterscheiden, ist recht einfach. Ein Druck mit dem Finger auf den Hut gibt uns Auskunft: die Rotkappe bleibt bis ins Alter ziemlich festfleischig, während der Birkenpilz dann schwammig-weich ist.

Tips für die Pilzküche: Das Fleisch der Rotkappe verfärbt sich beim Schmoren schwarz. Durch Beträufeln der rohen Pilzstückchen mit Zitronensaft kann diese Verfärbung gemildert werden, jedoch verändert sich dann natürlich der Geschmack etwas.

Eigene Notizen:

Röhrlinge

15 Gallenröhrling ungenießbar

Bitterling, Giftling, Roßpilz
Tylopilus felleus

Hut: 10–12 cm Durchmesser, mittelbraun, meist mit Beimischung von Gelb, wenig filzig, eher glatt und kahl. Huthaut nicht abziehbar.

Röhren: weißlich-graulich, im Alter mit rosa Schein, in der Reife polsterförmig unter dem Hut vorgewölbt, auf Druck rosabräunlich verfärbend.

Stiel: in der Farbe des Hutes oder etwas heller, mit grober, erhabener dunkler Netzzeichnung, recht derb.

Fleisch: weißlich, weich.

Geschmack: bitter. Darf probiert werden.

Vorkommen: Sommer bis Herbst in Nadelwald.

Verwechslungsmöglichkeit: mit ähnlichen eßbaren Röhrlingen.

Am meisten Ähnlichkeit hat der Gallenröhrling mit dem **Sommersteinpilz,** bei dem Hut und Stiel die gleiche Färbung aufweisen. Junge Exemplare beider Arten sind vom Sammler kaum zu unterscheiden. Dann ist es das einfachste, den Pilz zu probieren. Ein kleines Stück gekaut klärt uns sofort auf, ob wir den einen oder den anderen gefunden haben, denn der Gallenröhrling ist von Jugend an sehr bitter. Daher wird er als ungenießbar bezeichnet, was aber nicht heißt, daß er giftig ist. Beim Trocknen soll die Bitterkeit sogar verschwinden. Es gab auch schon Sammler bei meinen Exkursionen, denen es nicht möglich war, diese starke Bitterkeit zu schmecken: sie fanden den Pilz gut und mild. Achten Sie auf jeden Fall darauf, daß Ihnen kein Gallenröhrling unter Ihr Sammelgut gerät, denn schon ein einziger kann ein ganzes Pilzgericht verderben.

Eigene Notizen:

Röhrlinge

16 Birkenpilz

Kapuziner, Aspenpilz, Birkel, Fahlkappe, Geißpilz, Grashaxe, Grassemännle, Grauhendl, Pfaffenkopf, Rotzling
Leccinum scabrum

Hut: 8–12 cm Durchmesser, hell- bis dunkelbraun, auch mit grauem Einschlag, polsterförmig, auf Druck leicht nachgebend (weichfleischig). Huthaut wenig vom Rand her abziehbar.

Röhren: weißlich, graulich, manchmal rostfleckig, bei älteren Stücken sich unter dem Hut vorwölbend.

Stiel: weißgrundig, mit schwärzlichen Schuppen besetzt, jung gedrungen, sich rasch zu schlanker Form streckend, 10 bis 15 cm hoch.

Fleisch: weißlich, jung fest, aber bald weich bis schwammig.

Vorkommen: Sommer bis Herbst unter Birken, in Mischwald und unter einzeln stehenden Bäumen.

Wert: Nur junge festfleischige Exemplare sind recht gut.

Verwechslungsmöglichkeit: kaum mit Giftpilzen.

Natürlich wächst nicht jeder Birkenpilz als »Meerjungfrau« wie das Kuriosum auf dem Bild. Es kommt aber gar nicht so selten vor, daß Pilze aus irgend etwas herauswachsen, wie unser Birkenpilz aus dem Tannenzapfen. Unter den Rauhstielen, zu denen er gehört, gibt es noch einige Arten, die ihm recht ähnlich sein können, zum Teil äußerlich nur unterschieden durch andersfarbig anlaufendes Fleisch. An unterschiedlichen Standorten finden wir noch den **Hainbuchenröhrling** *(Leccinum griseum)*, den **Härtlichen Pappelröhrling** *(Leccinum duriusculum)*, den **Gelben Birkenröhrling** *(Leccinum crocipodium)* und den **Weißen Birkenröhrling** *(Leccinum holopus)*, der jung auch etwas bräunlich getönt erscheint. Alle sind eßbar und in der Qualität etwa gleich.

Eigene Notizen:

Röhrlinge

17 Schönfußröhrling ungenießbar

Dickfußröhrling, Bitterschwamm, Blauhäuptling, Judaspilz, Roßpilz
Boletus calopus

Hut: 8–15 cm Durchmesser, grau, graugelblich, graubräunlich, schwach filzig, matt. Rand lange nach unten eingebogen.

Röhren: intensiv hellgelb, später fahlgelb bis gelbgrünlich, auf Druck blau verfärbend.

Stiel: oben gelb, sonst rot geflammt, fast gänzlich mit erhabener Netzeichnung, recht stabil und derb.

Fleisch: weißlich bis hellgelb, je nach Frische und Feuchtigkeitsgehalt stark bis weniger stark blau verfärbend.

Geschmack: leicht bis stark bitter. Darf probiert werden.

Vorkommen: Sommer bis Herbst in Laub- und Nadelwald, im Gebirge häufiger als in der Ebene.

Verwechslungsmöglichkeit: mit anderen Röhrlingen.

Dieser bittere und daher ungenießbare Pilz wird in manchen Büchern als leicht giftig angegeben, andererseits wird auch gesagt, daß er nach Abkochen und Fortschütten des Kochwassers schon gegessen worden sei, was mir Besucher der Pilzlehrschau aus eigener Erfahrung bestätigt haben. Er ist also mit einigen anderen minderwertigen Arten ein Pilz für die allergrößte Not. Verwechslungen mit eßbaren Röhrlingen können kaum vorkommen, denn im Habitus entspricht er mit seinem roten Stiel höchstens den **Hexenröhrlingen,** die jedoch rote Röhrenaufsicht haben und sich dadurch gut unterscheiden. Seit ich für schöne Satansröhrlinge DM 25,– Kopfgeld ausgesetzt habe (weil sie so selten sind und ich ein neues Foto davon machen möchte), wird mir der Schönfußröhrling immer wieder als **Satansröhrling** vorgelegt und angeboten. Die Hutfarbe kann mit dem Satanspilz übereinstimmen, jedoch hat dieser rote Röhren, das wird vom stolzen Finder (oder auch im Hinblick auf den Finderlohn) in der Aufregung meist übersehen.

Eigene Notizen:

Leistenpilze

18 Pfifferling

Recherl, Nagerl, Röllchen, Schweinsfüßerl, Geelchen, Gänserl, Eierschwamm, Marillenschwamm, Rehling, Rehgeiß, Goassrehling, Gänschen, Gänsel, Galuschel, Rilling, Gelbschwammerl, Gallitschel, Zechling, Zederling
Cantharellus cibarius

Hut: in der Größe stark variierend, 2–10 cm breit, kräftig- bis blaßgelb. Jung mit nach unten eingerolltem Hutrand, später ungleich wellig aufgeschlagen.

Leisten: gelb, wiederholt gegabelt und quergeadert, weit am Stiel herablaufend.

Stiel: gelblich, zur Basis hin verjüngt.

Fleisch: gelblich, fest.

Geschmack: pfeffrig-würzig.

Vorkommen: Juli bis Oktober in Laub- und Nadelwald.

Wert: schwer verdaulich. Beliebter Speisepilz, wegen seiner Haltbarkeit guter Marktpilz.

Verwechslungsmöglichkeit: mit dem **Falschen Pfifferling** *(Hygrophoropsis aurantiaca)*, ebenfalls eßbar, aber minderwertig; in Südeuropa (Italien) mit dem mehr orangefarbigen, an alten Olivenbäumen wachsenden **Ölbaumtrichterling** *(Omphalotus olearius)*, der giftig ist.

Der Pfifferling ist *der* Pilz für den Sammler. Man erkennt ihn, es gibt keinen giftigen Doppelgänger, daher kann er ohne Angst gegessen werden und schmeckt deshalb auch. Er hat also mehr psychologischen Wert. Tatsächlich ist er der am schwersten verdauliche Pilz. Er bekommt vielen Mägen gar nicht gut, hat geringen Nährwert und viel unerschließbare Rohsubstanz.

Im Buchenwald erscheint eine sehr große hellere Form des Pfifferlings *(var. pallidus)* und im Nadelwald eine Abart mit violetten Schüppchen auf dem Hut *(var. amethysteus)*.

Tips für die Pilzküche: Der Pfifferling eignet sich nicht zum Trocknen und nicht zum Einfrieren (Seite 138). Ein geschulter Gaumen wird bessere Pilzgenüsse kennen als ein reines Pfifferlingsgericht. Als kleine Beilage zu Fleischgerichten ist der Pilz allerdings vorzüglich, ebenso zum Aufwürzen aller Pilz-Mischgerichte und -Eintöpfe. Ältere Exemplare müssen fein gehackt werden, sie sind besonders derbfleischig und zähfaserig. Haltbarmachung ist nur durch Einwecken (Seite 138) möglich.

Eigene Notizen:

Leistenpilze

19 Trompetenpfifferling

Cantharellus tubaeformis

Fruchtkörper: 4–5 cm hoch, trompetenförmig, mit aufgebogenem, welligem, ausgezacktem Rand. Außenseite gelbgrau, gerunzelt geadert oder mit Leisten, die am Stiel herablaufen.

Stiel: grau bis gelb, schlank, Basis zugespitzt.

Fleisch: im Hut dünn, knorpelig, im Stiel faserig-zäh.

Vorkommen: Oktober bis Dezember in Laub- und besonders in Nadelwald.

Wert: aromatischer Speisepilz.

Verwechslungsmöglichkeit: kaum mit Giftpilzen.

Im Moospolster der Fichtenwälder ist der Trompetenpfifferling manchmal rasig und in Massen anzutreffen. In seiner Zeit – Spätherbst – ist er eine willkommene Bereicherung des Speisezettels. Eine Pilzfreundin fand ganz überraschend 8 Kilogramm an einer Stelle. Als ich sie fragte, wie sie sie denn alle nach Hause geschafft hätte, verriet sie mir ihren Trick. Sie geht immer mit dem Korb zum Sammeln, hat aber, klein zusammengelegt, für alle Fälle mindestens zwei Stoffbeutel und einen Strick bei sich. Wenn ihr dann plötzlich solch ein Segen zuteil wird, sammelt sie alles in die Beutel, bindet den Strick um die Taille und knüpft vorne und hinten so ein Säckchen daran oder auch kleidsam seitlich. Da gibt es nichts zu lachen, andere tragen auf der Hüfte Bananen!

Tips für die Pilzküche: Der Trompetenpfifferling ist für Mischpilzgerichte oder als Beilage zu Fleisch und zum Würzen von Saucen gut zu gebrauchen. Haltbarmachung ist nur durch Einwecken möglich, beim Einfrieren wird er zäh (Seite 138).

Eigene Notizen:

Kraterellen

20 Herbsttrompete

Totentrompete, Füllhorn, Schwarzrecherl
Craterellus cornucopioides

Fruchtkörper: 5–12 cm hoch, füllhornähnlich, tief trichterförmig hohl. Rand wellig aufgebogen bis umgeschlagen, grau, graubraun bis braunschwarz.

Außenseite: glatt oder schwach runzelig, geadert oder leicht faltig, angedeutete Leisten.

Fleisch: dünn, brüchig.

Vorkommen: Sommer bis Herbst besonders in Buchenwald.

Wert: wertvoller Speisepilz.

Verwechslungsmöglichkeit: kaum mit Giftpilzen.

Meistens kommt die Herbsttrompete in Trupps oder größeren Ansammlungen vor, aber auch nach Einzelexemplaren sollte man sich bücken. Einen Steinpilz kann man schon einmal stehenlassen, eine Herbsttrompete nicht. Vielleicht zeigt Ihnen dieser Vergleich, wie kostbar der dünnfleischige, fast unansehnliche Pilz dem Kenner ist. Die Wildschweine teilen das Lob mit mir. Man hat wiederholt beobachtet, daß diese Pilzkenner (Trüffelsucher) alle Herbsttrompeten wegfressen, die sie finden können.

Tips für die Pilzküche: Als Frischgericht schmeckt er schon sehr gut, ist aber viel zu schade dafür. Unübertrefflich wird der Pilz erst in getrocknetem Zustand, wenn er zerbröckelt oder in Pulverform (Seite 138 f.) einem Gericht die denkbar feinste Würze gibt. Eine Trompetensuppe wird auch durch Morcheln nicht in den Schatten gestellt, die allgemein als das Nonplusultra für Pilzsuppe gelten. Die Großen unter den Küchenchefs verwenden die Herbsttrompete als Trüffelersatz, was ihr zwar Anerkennung zollt, sie aber als Ersatz unverdientermaßen herabmindert. Wenn man das Verhältnis zwischen beiden klären wollte, wäre es richtiger, die Trüffel als Ersatz für die Herbsttrompete hinzustellen. Ihr Aroma schwindet nie, während manches Scheibchen Trüffel den Gourmet schon enttäuscht hat und ihn an seinem eigenen oder an der Trüffel Geschmack zweifeln ließ.

Eigene Notizen:

14 Rotkappe

16 Birkenpilz

15 Gallenröhrling (ungenießbar)

17 Schönfußröhrling (ungenießbar)

18 Pfifferling

20 Herbsttrompete

19 Trompetenpfifferling

21 Schweinsohr

Kraterellen

21 Schweinsohr

Keulenkraterelle, Keulenpfifferling
Gomphus clavatus

Fruchtkörper: 6–9 cm hoch, keulen- bis kreiselförmig mit vertiefter Mitte, ungleich gerandet aufgeschlagen, Farbe ockerbraun variierend, leicht lila angehaucht. Außenseite mehr zartviolett-ocker.

Leisten: herablaufend, gabelig verzweigt.

Fleisch: weiß, kernig, aber zart.

Vorkommen: August oder September in Nadel- und Mischwald, gebietsweise häufig.

Wert: vorzüglicher Speisepilz.

Verwechslungsmöglichkeit: kaum mit Giftpilzen.

Wenn Sie auf einen Meter Entfernung noch nicht unterscheiden können, ob Sie nun trockenes Buchenlaub vor sich haben oder nicht, dann ist es wohl das Schweinsohr. Es tarnt sich mit dessen Farbe so vollkommen, daß Pilzsammler die Fruchtkörper nicht erkannten, obwohl ich mit dem Finger darauf zeigte. Ich muß aber gestehen, daß auch ich diesen Pilz nur durch Zufall fand, als ich Pfifferlinge aufnahm und bei der Nachsuche im dichten Laub ein Schweinsohr umwarf. Im Fichtenwald, wo es auch vorkommt, entgeht es natürlich dem Sammler nicht, da steht es frei und ist kaum zu übersehen. Durch das büschelige Wachstum erbringt eine Fundstelle meist schon eine üppige Mahlzeit.

Daß die Pilzrasen nach dem Abschneiden wieder nachwachsen, wie mir ein Pilzfreund unter Ehrenwort berichtet hat, halte ich dennoch für Legende. Ich habe diese Beobachtung noch nicht machen können.

Tips für die Pilzküche: Das Schweinsohr ist ein vorzüglicher aromatischer Speisepilz von zartfleischiger Konsistenz, der sich für jegliche Zubereitung eignet und viel mehr beachtet und gesucht werden sollte.

Eigene Notizen:

Milchlinge

22 Pfeffermilchling

Echter oder Langstieliger Pfeffermilchling
Lactarius pergamenus

Hut: 8–12 (15) cm Durchmesser, matt, weiß-cremefarben, gelbbraun gefleckt, vertiefte Mitte. Hutrand nach unten eingerollt.

Lamellen: weißlich, braun gefleckt, engstehend, gegabelt, etwas am Stiel herablaufend.

Stiel: weißlich, braun gefleckt, derb, vollfleischig, zur Basis zugespitzt.

Fleisch: weiß, bei Verletzung brennendscharfe Milch absondernd.

Vorkommen: Sommer oder Herbst besonders in Buchenwald.

Wert: bei richtiger Zubereitung eßbar und gut.

Verwechslungsmöglichkeit: mit dem ähnlichen, gleichwertigen **Grünenden Pfeffermilchling** *(Lactarius piperatus)* oder dem unbrauchbaren, aber nicht giftigen **Wolligen Milchling** *(Lactarius vellereus),* der bei gleicher Farbe eine filzige Oberhaut aufweist, nicht so dichtstehende Lamellen und einen kurzen, dickeren Stiel hat; seine Milch ist bitter.

Der weiße Riese des Buchenwaldes ist der Pfeffermilchling, den wir auch noch reichlich finden, wenn es für die übrige Pilzflora viel zu trocken ist. Sind wir nun zu solch einer Unzeit versessen auf ein Pilzgericht, so nehmen wir genügend passende Hüte mit, wir haben ja die Auswahl bei diesem so wenig gesammelten Pilz, und bereiten uns »Ungarischen Pfefferpilz« (Seite 122, 129), einen typischen Hirtenschmaus. Mit etwas gutem Willen und viel Stolz, daß wir im Gegensatz zu weniger gewitzten Sammlern immer etwas Brauchbares nach Hause bringen, wird uns dann auch unser Spezialgericht gut munden, zusammen mit Rotwein, der unbedingt dazu gehört.

Eigene Notizen:

Schüpplingsartige

23 Zigeuner

Runzelschüppling, Reifpilz, Schulmeisterpilz
Rozites caperata

Hut: 6–10 (12) cm Durchmesser, kegelig, jung fast kugelig und mit schmalem Randsaum am Stiel angewachsen. Strohgelblich mit feinem lilasilbrigem Überzug, der am Scheitel lange erhalten bleibt. Hutfläche runzelig, riefig.

Lamellen: lehmfarben, hellbraun, Schneide gekerbt.

Stiel: schlank, 10–12 cm hoch, weißlich, feinfaserig. Als Rest des Hutsaumes dünner Ring, der bei Reife fast in der Mitte des Stiels sitzt, da der Stiel oberhalb dieses Rings nach Aufschirmen noch weiterwächst.

Fleisch: hellbräunlich, meist wäßrig durchzogen, im Stiel etwas faserig.

Vorkommen: Juli bis Oktober in Nadelwald.

Wert: sehr guter Speisepilz.

Verwechslungsmöglichkeit: kaum mit Giftpilzen. Es gibt einen ihm im Jugendstadium täuschend ähnlich sehenden **Haarschleierling** (Sporenpulver rostbraun, beim Zigeuner rostgelb), der aber nicht gefährlich ist. Bei Unsicherheit muß man auf ganz junge, unaufgeschirmte Exemplare verzichten.

Wenn Sie bisher nichts von Zigeunern hielten, wird es Zeit, sich damit zu befassen. Es gibt kaum etwas Besseres, und es ist unverständlich, daß dieser leicht zu erkennende, gebietsweise häufige Pilz so wenig bekannt und beliebt ist.

Tips für die Pilzküche: »Junge Zigeuner im Schlafrock« (Seite 118), ein Glückszustand! Die älteren kocht man »in sauer« (Seite 127). Alte läßt man stehen, denn man hat ja die Auswahl bei diesem immer in größeren Trupps erscheinenden Völkchen. Der Verwendungsmöglichkeit sind keine Grenzen gesetzt, Einzelgerichte in allen Variationen, Essigpilze, Mischgerichte, Suppen, Saucen, Salate. Bei diesem Pilz bedauert man nur, daß auch die Maden wissen, was gut schmeckt.

Eigene Notizen:

Gelbfüße

24 Kuhmaul

Großer Gelbfuß, Großer Keilpilz, Großer Schmierling, Rotzer, Schafsnase
Gomphidius glutinosus

Hut: 5–10 cm Durchmesser, braun, porphyrbraun, oft schwarzfleckig, mit einer durchsichtigen, dicken, abziehbaren Schleimschicht bedeckt, die in der Jugend über die Lamellen bis zum Stiel reicht. Hutrand lange nach unten eingebogen.

Lamellen: weiß, später grau bis schwarz vom reifen Sporenstaub, weit am Stiel herablaufend.

Stiel: weißlich, zur Stielbasis hin zitronen- bis chromgelb, schleimig. Im oberen Drittel ringähnlicher dicker Schleimwulst, der bald von den Sporen schwarz bepudert wird.

Fleisch: weiß, weich und zart, im unteren Stieldrittel zunehmend gelb.

Vorkommen: Sommer bis Herbst besonders in Nadelwald.

Wert: guter Speisepilz.

Verwechslungsmöglichkeit: kaum mit Giftpilzen. Von oben dem eßbaren **Butterpilz** täuschend ähnlich.

Dieser Pilz verdient wegen seines zarten Fleisches und des angenehmen Aromas größere Beachtung, zumal er noch den Vorzug hat, fast nie madig zu sein. Die gelatinöse Schleimschicht an Hut und Stiel muß allerdings gleich an Ort und Stelle entfernt werden. Beim Hut gelingt dem Geübten das Abziehen mit einem Griff, der Stiel wird abgeschabt. Dann ist der Pilz so sauber, daß er nicht mehr gewaschen werden muß.

Weitere eßbare Gelbfüße sind der **Kupferrote Gelbfuß** *(Chroogomphus rutilus)*, ein Kiefernbegleiter, und der **Rosenrote Gelbfuß** *(Gomphidius roseus)*, der mit dem **Kuhröhrling** *(Suillus bovinus)* in Symbiose lebt. Auch diese beiden sind an der gelben Stielbasis, die besonders gut im Anschnitt sichtbar wird, zu erkennen.

Eigene Notizen:

Milchlinge

25 Blutreizker

Echter Reizker, Edelreizker, Fichtenreizker, Karottenmilchling, Rostling, Wacholderschwamm
Lactarius deterrimus

Hut: 6–12 cm Durchmesser, Mitte niedergedrückt, Rand lange nach unten eingerollt, nur im Alter stark nach oben aufgeschirmt. Farbe orange-gelbbraun mit Beimischung von Graugrün, konzentrisch hell-dunkel oder grünspanfarben gezont.

Lamellen: gleiche Farbe, zerbrechlich, etwas am Stiel herablaufend, nach Verletzung grünspanfarben gefleckt.

Stiel: gleiche Farbe, walzenförmig, grünspanfarben gefleckt, innen weiß-wattig, später hohl.

Fleisch: weiß, nach Anschnitt karottenrote Flüssigkeit absondernd, die beim Eintrocknen trüb-blutrot verfärbt.

Vorkommen: Sommer bis Herbst besonders in Nadelwald.

Wert: beliebter Speisepilz, etwas bitter.

Verwechslungsmöglichkeit: mit ähnlichen eßbaren Blutreizkern und äußerlich mit dem ungenießbaren **Birkenreizker** (*Lactarius torminosus*), der nach Anschnitt weiße Milch absondert. Er ist kein gefährlicher Giftpilz.

Nur weil er mit keinem Giftpilz zu verwechseln ist, gehört der Blutreizker zu Pilzsammlers Lieblingen, denn durch Qualität hat er seinen Ruhm nicht erworben. Dem wissensdurstigen Pilzfreund werden nachfolgend die Abarten – alle eßbar – nach dem derzeitigen Stand, aufgeführt: **Blaumilchender Kiefernreizker** (*Lactarius hemicyaneus*), **Weinroter Kiefernreizker** (*Lactarius sanguifluus*), **Fichtenblutreizker** (*Lactarius deterrimus*), Bild Seite 63, **Lachsfarbener Tannenreizker** (*Lactarius salmonicolor*), **Spangrüner Kiefernreizker** (*Lactarius semisanguifluus*), **Weinrotverfärbender Edelreizker** (*Lactarius deliciosus forma rubescens*), **Edelreizker** (*Lactarius deliciosus var. deliciosus*), **Brauner Kiefernblutreizker** (*Lactarius quieticolor*) – nach J. A. Schmitt.

Tips für die Pilzküche: Wegen der arteigenen Bitterkeit bedarf der Blutreizker besonderer Behandlung. Er ist nur für Essigpilze (Seite 130, 134) sehr gut geeignet und in heißem Fett gebraten (Seite 122) recht schmackhaft.

Eigene Notizen:

Champignons (Egerlinge)

26 Wiesenchampignon

Feldegerling, Angerling, Brachschwamm, Feldchampignon, Erdgürtel, Lohtäuberl
Agaricus campester

Hut: 5–10 (12) cm Durchmesser, dickfleischig, weiß, auch hellbräunlich, seidigmatt, manchmal schuppig, Oberhaut abziehbar.

Lamellen: jung rosa, mit fortschreitendem Alter braun bis braunschwarz, frei. In der Jugend von weißer Teilhülle bedeckt.

Stiel: weiß, voll, zartfleischig. Im oberen Drittel dünnhäutiger Ring, Basis oft verjüngt.

Fleisch: weiß, bei Anschnitt auch schwach rosa, zart.

Vorkommen: Mai bis Oktober besonders auf Pferdekoppeln, Weiden, Wiesen.

Wert: guter Speisepilz.

Verwechslungsmöglichkeit: sehr ähnlich der leicht giftige **Karbolchampignon** *(Agaricus xanthodermus)* mit Karbolgeruch und im Anschnitt gelb anlaufender Stielbasis (Näheres Seite 61). Vorsicht vor Verwechslung mit tödlich giftigen weißen Knollenblätterpilzen (**Kegelhütiger Knollenblätterpilz,** Seite 88, 93, oder weiße Form des **Grünen Knollenblätterpilzes,** Seite 89), die aber immer weiße Lamellen haben und nicht rosa bis braune wie der Champignon.

Die Weiden sind auch nicht mehr das, was sie früher einmal waren, sagen die Champignonsammler und meinen damit, daß die Pferde fehlen, die diesem Pilz das spezifische Milieu zu bereiten scheinen. Aber zum Glück reitet man wieder, und bei den Pferden geht trotz allen Fortschritts die Verdauung noch ihren gewohnten Gang, so daß man wieder hoffen kann.

Der Wiesenchampignon ist nicht zu verwechseln mit dem im Handel befindlichen weißen Zuchtchampignon, der aus dem **Zweisporigen Champignon** *(Agaricus bisporus)* entwickelt wurde.

Tips für die Pilzküche: Der Wiesenchampignon ist nicht gerade hocharomatisch, eher dezent-würzig, aber eben wegen seiner Unaufdringlichkeit vielseitig verwendbar. Gebraten oder »à la crème« als Beilage zu Fleisch schmeckt er sehr gut; besonders geeignet auch roh für Salat (Seite 112, wie Steinpilzsalat), da man von ihm genau weiß, daß er ungekocht bekömmlich ist.

Eigene Notizen:

Champignons (Egerlinge)

27 Anischampignon

Schafchampignon, Guckemucke, Anisegerling
Agaricus arvensis

Hut: 8–12 (15) cm Durchmesser, dickfleischig (beim sehr ähnlichen **Dünnfleischigen Anischampignon**, *Agaricus silvicola,* Hutfleisch dünner), weißlich, zart gelblich getönt, bei Druck oder Verletzung gelb verfärbend, glattfaserig, matt bis seidig glänzend.

Lamellen: frei, ganz jung cremefarben, dann graurosa (niemals leuchtend rosa aufblühend), später braun bis schwarzbraun. In der Jugend von weißlicher Teilhülle bedeckt.

Stiel: weißlich, gilbend, vollfleischig, später enghohl, Basis verdickt bis knollig. Im oberen Drittel des Stiels zweischichtiger Ring, dessen Unterseite sternförmig aufgespalten ist.

Fleisch: weiß, fest, aber zart, kann nach Anschnitt gelb-rostig verfärben.

Geruch: nach Anis.

Vorkommen: Sommer bis Herbst in Laub- und Nadelwald, in Parkanlagen und Gärten.

Wert: einer der besten Speisepilze.

Verwechslungsmöglichkeit: mit anderen eßbaren weißen Champignons, mit dem **Karbolchampignon** (nebenstehend). Vorsicht wegen der Ähnlichkeit junger Exemplare mit dem tödlich giftigen **Kegelhütigen Knollenblätterpilz** (Seite 88, 93), der jedoch nicht bei Berührung gilbt, keinen Anisgeruch und immer weiße Lamellen hat.

Der Anischampignon ist nicht selten. Leider teilt er zuweilen seinen Standort mit dem tintenartig riechenden, unbekömmlichen **Karbolchampignon** (*Agaricus xanthodermus*). Ausgewachsene Exemplare beider Arten sind manchmal kaum zu unterscheiden. Der Geruch kann fehlen, die gelbanlaufende Stielbasis des ungenießbaren Doppelgängers abgeschnitten sein oder nicht genügend gilben, so daß wir im Zweifel bleiben. In so einem Falle habe ich in sehr wenig Wasser je einen zerschnittenen Pilz aufgekocht und siehe da, beim Karbolchampignon verfärbten sich Pilzfleisch und Kochwasser hellzitronengelb, während der Anischampignon nur einen Hauch von Gelb annahm.

Tips für die Pilzküche: Der Anischampignon dürfte der wohlschmeckendste aller Speisepilze sein. Der Anisduft verwandelt sich nach der Zubereitung in ein unbeschreiblich köstliches Aroma.

Eigene Notizen:

Champignons (Egerlinge)

28 Kleiner Waldchampignon

Echter Waldegerling, Kleiner Blutchampignon, Kleinschuppiger Waldchampignon
Agaricus silvaticus

Hut: 5–6 cm Durchmesser, zimtbraun, jung faserig, später schuppig, dünnfleischig.

Lamellen: frei, jung graurötlich, später dunkelbraun. In der Jugend von weißlicher bis hellzimtfarbener Teilhülle bedeckt.

Stiel: weiß, kahl, schlank, mit häutigem Ring im oberen Drittel. Stielbasis knollig bis keulig.

Fleisch: äußerlich bei Verletzung und innen nach Anschnitt blutrosa bis weinrötlich verfärbend, zart.

Vorkommen: Sommer bis Herbst in der Fichtenstreu, kalkliebend.

Wert: guter Speisepilz, nicht sehr ergiebig.

Verwechslungsmöglichkeit: mit dem eßbaren, etwas größeren **Großen Blutchampignon** (*Agaricus haemorrhoidarius*). Es gibt auch einen ungenießbaren braunschuppigen Champignon mit gelber Stielbasis, besonders sichtbar nach Reiben oder Anschnitt, den **Perlhuhnegerling** (*Agaricus placomyces var. meleagris*), der aber recht selten ist.

Diesem Waldbewohner bereiten dicke Schichten von Fichtennadeln die rechte Nestwärme, und wenn man erst den richtigen Blick dafür hat, wird man unter jedem Buckelchen in der Fichtenstreu auch ein junges Pilzchen finden. Der Kleine Waldchampignon wächst in Gruppen dicht beieinander und ist in jungem, geschlossenem Zustand am besten. Nach dem Aufschirmen wird er durch seine Dünnfleischigkeit sehr brüchig.

In älteren Fichtenbeständen mit dickerer Nadelstreu kommt der ergiebigere **Große Blutchampignon** (*Agaricus haemorrhoidarius*), dem kleinen sehr ähnlich und auch rötlich verfärbend, vor. Und wenn wir Glück haben, treffen wir auf den goldgelbschuppigen **Hohlstieligen Riesenegerling** (*Agaricus perrarus*). Beide sind eßbar und gut. Ich habe die Erfahrung gemacht, daß auch Ameisenhaufen in einem jüngeren Fichtenbestand die erforderliche Dicke der Nadelstreu ersetzen können, und habe darin in enger Nachbarschaft gleich mehrere interessante Arten gefunden.

Eigene Notizen:

22 Pfeffermilchling

24 Kuhmaul

23 Zigeuner

25 Blutreizker

26 Wiesenchampignon

28 Kleiner Waldchampignon

27 Anischampignon

29 Stadtchampignon

Champignons (Egerlinge)

29 Stadtchampignon

Scheidenegerling, Asphaltchampignon
Agaricus edulis

Hut: 5–10 (15) cm Durchmesser, hart, dickfleischig, kompakt, abgeflacht, matt, feinfilzig, manchmal seidig glänzend. Rand stark und lange nach unten eingerollt.

Lamellen: frei, fleischrosa, dann braun bis braunschwarz, engstehend, mit kürzeren untermischt. Jung von schmaler Teilhülle bedeckt.

Stiel: weiß, kurz, Basis zugespitzt, vollfleischig. Schmaler, oberseits geriefter Ring im oberen Drittel, unterhalb meist zweite, etwas abstehende Stielbekleidung durch Hüllreste.

Fleisch: weiß, zartrosa anlaufend.

Vorkommen: Frühsommer bis Herbst in Stadtnähe, in Parks, an Wegen, unter Gebüsch, aus dem Pflaster und durch Asphaltdecken brechend.

Wert: guter Speisepilz.

Verwechslungsmöglichkeit: mit anderen eßbaren weißen Champignons oder dem unbekömmlichen **Karbolchampignon** (Seite 61).

Tips für die Pilzküche: Genau wie der **Wiesenchampignon** (Seite 60, 64) kann der Stadtchampignon zu allen Gerichten verwendet werden. Was für ein Kobold er ist, zeigt folgende wahre Geschichte: In einem sehr ordentlichen kleinen Städtchen brachen immer wieder Stadtchampignons die Asphaltdecke des Marktplatzes auf. Man wollte aber mit Stolz auf einen blitzblanken Marktplatz blicken und versuchte mit allen Mitteln, diesen Aufdringling zu vertreiben. Es gelang nicht, und nach eingehender Beratung der Stadtväter entschloß man sich, Kosten nicht scheuend, dem Schmuckstück des Städtchens einen ganz neuen Unterboden zu geben. Es wurde tief ausgehoben, abgefahren, neuer Boden und Sand angefahren, gestampft und geschottert, eine recht dicke Asphaltdecke aufgelegt. Nach Wochen gröbster Unruhe atmete man auf, die tiefgreifenden Maßnahmen waren abgeschlossen. Und siehe da... der Stadtchampignon dankte es mit ganz besonderer Wuchsfreudigkeit und üppigsten Exemplaren.

Eigene Notizen:

Wulstlinge (Knollenblätterpilze)

30 Perlpilz

Schälpilz, Perlwulstling, Rötender Wulstling
Amanita rubescens

Hut: 6–12 (15) cm Durchmesser, heller oder dunkler fleischrosa-bräunlich mit Beimischung von Grau, Gelb, Violett. Meist mit hellgrauen Hüllresten besetzt, die aber auch fehlen können, Oberhaut leicht abziehbar.

Lamellen: weiß, rosa bis rötlich gefleckt, weich, frei. In der Jugend von weißlicher Teilhülle bedeckt.

Stiel: weißlich, rosa gefasert oder rötlich gefleckt, jung vollfleischig, später ausgestopft hohl, Stielbasis verdickt bis knollig. Im oberen Stieldrittel hängende Manschette mit geriefter Oberseite.

Fleisch: weiß, Madengänge rosa bis weinrot.

Vorkommen: Sommer bis Herbst in Laub- und Nadelwald, sehr häufig.

Wert: guter Speisepilz. Vom rohen Verzehr wird abgeraten.

Verwechslungsmöglichkeit: mit dem eßbaren **Grauen oder Gedrungenen Wulstling** *(Amanita spissa)*, der nirgends Rosa zeigt und nach Rüben riecht, mit dem giftigen **Pantherpilz** *(Amanita pantherina,* Seite 90, 93) oder dem giftigen **Braunen Fliegenpilz** *(Amanita muscaria var. umbrina),* der kein Rosa zeigt, hingegen unter der Huthaut eine Gelbfärbung aufweist.

Der Perlpilz ist zwar sehr variabel, was Farbe und Form anbelangt, aber es lohnt, ihn sich genau einzuprägen. Er stellt keine großen Ansprüche an Wetter und Standort und ist überall und zu jeder Zeit anzutreffen, obwohl auch er eine Haupterscheinungszeit von etwa 14 Tagen hat, wo er wie eine Epidemie die Wälder beherrscht.

Der recht fragwürdige **Falsche Perlpilz** *(Amanita pseudorubescens)* mit kegeligen, schwer abwischbaren Pusteln auf dem Hut, wird als giftiger Doppelgänger des Perlpilzes hingestellt, aber es ist noch nicht geklärt, ob er existiert, und wenn ja, ob er giftig ist. Ich selbst habe den Pilz mit den kegeligen Hüllresten schon gefunden und fotografiert. Er kann aber ebensogut nur eine Wuchsform des Perlpilzes sein, wie es auch Formen mit gelbem Ring und gelber Stielspitze gibt.

Tips für die Pilzküche: Das Fleisch des Perlpilzes ist zart, das Aroma recht gut, so daß er für alle Zubereitungsarten infrage kommt. Die Huthaut wird abgezogen.

Eigene Notizen:

Täublinge

31 Apfeltäubling

Russula paludosa

Hut: 6–12 (15) cm Durchmesser, rot und glänzend wie ein Apfel. Jung gewölbt, später mit vertiefter Mitte, die auch gelblich-ocker verblassen kann, Oberhaut zu zwei Dritteln abziehbar.

Lamellen: weiß, cremefarben, Schneiden vom Hutrand her manchmal rot überhaucht.

Stiel: weiß oder rötlich überhaucht, jung vollfleischig, später schwammig.

Fleisch: weiß.

Geschmack: mild.

Vorkommen: Sommer in feuchtem Nadelwald, in Mooren und Hochmooren.

Wert: guter Speisepilz.

Verwechslungsmöglichkeit: kaum mit Giftpilzen, aber mit roten scharfen Täublingen (Geschmacksprobe!).

Es gibt etwa 120 Arten Täublinge, und die Hälfte davon ist eßbar. Dazu braucht man nicht einmal alle unterscheiden zu können, denn Täublinge darf man roh probieren. Schmecken sie mild, kann man sie essen, scharfe und bittere nimmt man nicht. So einfach ist das. Allerdings muß man dazu ganz sicher die Gattung Täublinge erkennen können. Einige typische Merkmale sind: Hüte in allen Farben, keine Hüllreste auf der Oberhaut, Lamellen splitternd, weiß bis cremefarben (ocker), Stiel weiß oder rot bis rotviolett überhaucht, Fleisch brüchig, Stiel bei Bruch nicht ausfasernd sondern glatt brechend, kein Ring am Stiel, keine Hülle oder Scheide an der Stielbasis, meist mittelgroß.

Wo der Apfeltäubling wächst, fühlen sich auch der **Orangerote Graustieltäubling** *(Russula decolorans)* und der **Chromgelbe Graustieltäubling** *(Russula flava)* wohl. Beide sind eßbar und gut.

Tips für die Pilzküche: Täublinge werden vom Kenner den Röhrlingen, die bei der Zubereitung recht weich und schleimig werden können, vorgezogen. Sie behalten ihre kernige Konsistenz und eignen sich für alle Gerichte.

Eigene Notizen:

Wulstlinge (Knollenblätterpilze)

32 Scheidenstreifling

Ringloser Wulstling
Amanita vaginata var. crocea

Hut: 4–10 (12) cm Durchmesser, jung eiförmig, dann kegelig, nach Aufschirmen gebuckelt, kahl, glatt, dünnfleischig, Rand gerieft.

Farbe: Es gibt von diesem Pilz sechs Unterarten, die bei gleicher Wuchsform unterschiedliche Farben haben (gelbbräunlich, orangefarben, kastanienbraun, graublau, oliv verfärbend), und eine besonders große Art mit Hüllresten auf dem grau-braunen Hut und mehrfacher Stielbekleidung, den **Doppelt-bescheideten Scheidenstreifling** *(Amanita inaurata).*

Lamellen: weiß, weich, frei.

Stiel: weiß oder mit etwas Hutfarbe genattert, schlank, hoch, nach oben verjüngt, röhrig hohl. Die Basis ist verdickt und steckt in einer derben lappigen Scheide (Rest der Gesamthülle).

Fleisch: weiß, sehr zart und mürbe.

Vorkommen: Sommer bis Herbst in Laub- und Nadelwald, häufig und sehr verbreitet.

Wert: junge Exemplare sind gute Speisepilze, ältere sehr brüchig.

Verwechslungsmöglichkeit: kaum mit Giftpilzen. Der giftige **Pantherpilz** (Seite 90, 93), der **Braune Fliegenpilz** und der **Grüne Knollenblätterpilz** (Seite 89, 93) haben eine Manschette am Stiel und noch andere Unterscheidungsmerkmale.

Der Scheidenstreifling ist auf der ganzen Erde anzutreffen, in Australien wie auch in Grönland, Lappland, im nördlichen Kanada, in Nordsibirien und Island, in der Ebene und im Hochgebirge, ein echter Kosmopolit. Der Name entspricht seiner Wuchsform: Scheiden- (weil er aus einer Scheide wächst) Streifling (da sein Hutrand gestreift, gerieft ist). Die Scheide entsteht durch Aufreißen der Gesamthülle, die den jungen Pilz gänzlich umgibt.

Eigene Notizen:

Täublinge

33 Grüngefelderter Täubling

Gefelderter Grüntäubling, Grünschuppiger Täubling, Blasses Grüntäuberl, Herrenpilz
Russula virescens

Hut: 6–12 cm (15) cm Durchmesser, jung gewölbt, später mit vertiefter Mitte, mattgrün, grünspanfarben, felderig aufgerissen. In der Jugend glatt gelblich-bräunlich, dickfleischig.

Lamellen: weiß, spröde.

Stiel: weiß, fest, vollfleischig.

Fleisch: weiß, derb, brüchig.

Vorkommen: Sommer, besonders in lichtem Laubwald.

Wert: sehr wohlschmeckender Speisepilz, auch roh genießbar.

Verwechslungsmöglichkeit: kaum mit Giftpilzen, eventuell mit anderen grünlichen Täublingen (Geschmacksprobe!).

Weitere sehr gute Täublinge: **Frauentäubling** *(Russula cyanoxantha)*, violettgrün, ausnahmsweise mit elastischen Lamellen. Der Name hat nichts mit der Elastizität (Nachgiebigkeit) der Lamellen zu tun, sondern die Erscheinungszeit dieser Art führte zur Namensgebung. Er erscheint besonders während der Frauentage von Anfang September bis Mitte Oktober. **Heringstäubling** *(Russula xerampelina)*, dunkelrot mit schwärzlicher Mitte und typischem Heringsgeruch bei alten Exemplaren. **Wieseltäubling** *(Russula mustelina)*, wieselfarben, also braun in verschiedenen Schattierungen, besonders festfleischig, im Schwarzwald nicht selten. **Fleischroter Speisetäubling** *(Russula vesca)*, fleischfarben; bei reifen Exemplaren zieht sich die Huthaut vom Rand zurück und legt die Lamellen etwas frei. **Weinroter Graustieltäubling** *(Russula obscura)*, trübweinrot, Stiel im Alter grau verfärbend. **Rotstieliger Ledertäubling** *(Russula olivacea)*, Hutfarbe sehr variabel weinrot-braun, auch olivbraun, aber immer sehr groß, bis 20 cm Hutdurchmesser, mit dickem karminrotem Stiel, kalkliebend.

Tips für die Pilzküche: Der Grüngefelderte Täubling ist einer der wohlschmeckendsten Speisepilze. Er eignet sich für jede Zubereitung und, da er auch roh gegessen werden darf, besonders für Rohkostsalate und als gehackte rohe Beigabe zum fertigen Pilzgericht.

Eigene Notizen:

Becherlinge

34 Orangeroter Becherling

Peziza aurantia

Fruchtkörper: jung scheibenförmig, später schüssel- bis becherförmig, stiellos, innen orangerot, außen meist heller, kleiig oder bereift.

Fleisch: dünn, spröde und brüchig, wächsern.

Vorkommen: Frühsommer bis Herbst meist gesellig auf sandigem Boden, auf Wegen, Waldparkplätzen, an Böschungen.

Wert: fast ohne Eigenaroma, für Spezialgerichte verwendbar.

Verwechslungsmöglichkeit: kaum mit Giftpilzen.

Der Orangerote Becherling steht symbolisch für alle Becherlinge da, die mit ihm gemeinsam haben, daß sie kaum ein eigenes Aroma aufweisen, aber auch, daß sie nicht giftig sind. Der **Kronenbecherling** *(Sarcosphaera coronaria),* innen lila, sollte nicht roh verwendet, sondern abgekocht werden, das Kochwasser ist wegzuschütten. Becherlinge in verschiedenen Farben und Formen gibt es vom Frühjahr an. Dazu kommen die **Öhrlinge** von gleicher Konsistenz, aber mehr gewunden oder aufrechter stehend. Alle sind eßbar und von gleicher Qualität.

Aus einem Buch von 1815 entnehme ich, daß ein Becherling, der **Leimschwamm** *(Peziza polymorpha Oederi)* – unser heutiger **Schmutzbecherling** *(Bulgaria inquinans, Fr. Bulgaria, polymorpha Wettst.)* –, durch Kochen mit etwas Wasser zu einem dauerhaften Leim verarbeitet wurde. Ein Brett, mit diesem Leim geklebt, brach beim Versuch ein paar Stunden später an allen Stellen, nur nicht dort, wo es verleimt worden war.

Tips für die Pilzküche: Weil ohne Geschmackswert, werden Becherlinge mehr aus optischen Gründen als interessante Einlage zu Spezialgerichten verwendet oder dienen als Grundlage für einen exklusiven Salat (Seite 117).

Eigene Notizen:

Morcheln

35 Spitzmorchel

Morchella conica

Hut: 3–5 cm hoch, graubraun, schwarzbraun, dunkelgrau, ungleich gekammert durch Quer- und Längsrippen, letztere mehr parallel ausgerichtet als bei der **Speisemorchel** (Seite 74, 75). Hutrand am Stielansatz etwas überstehend und angewachsen. Ganzer Fruchtkörper hohl.

Stiel: kürzer oder länger als Hut, weißlich, auch mit fleischfarbenem Schein, grubig, kleiig.

Fleisch: dünn, brüchig, wächsern.

Vorkommen: März bis Mai (Juni) gesellig innerhalb und außerhalb des Waldes, in Parks, Gärten, Obstplantagen, unter Gebüsch und Hecken. Kalkliebend.

Wert: sehr guter Speisepilz.

Verwechslungsmöglichkeit: sehr ähnlich die besonders schmackhafte **Graue oder Köstliche Morchel** *(Morchella conica var. deliciosa).* Vorsicht vor Verwechslung mit **Lorcheln** (Seite 92, 94), die zur gleichen Zeit erscheinen.

Morcheln sind begehrt und werden viel gesucht. Eine weitere Art mit recht hohem Stiel und kleinerem Käppchen, das halb den Stiel frei überragt, ist die **Käppchenmorchel** *(Mitrophora semilibera),* gesellig in Auwäldern, nicht so wertvoll im Aroma.

Tips für die Pilzküche: Morcheln haben ein vorzügliches Aroma und sind zum Trocknen prädestiniert. Im ganzen oder halbiert sind sie bei geringer Wärme wegen ihrer Dünnfleischigkeit und des geringen Wassergehalts schnell fertig. Als Trockenpilze werden sie teuer gehandelt. Besondere Nachfrage besteht bei den Spezialitätenköchen exklusiver Restaurants.

Eigene Notizen:

Schnecklinge

36 Frostschneckling

Hygrophorus hypothejus

Hut: 3–5 cm Durchmesser, braun, braunoliv, schleimig, Mitte vertieft mit kleinem Buckel, jung gewölbt, Oberhaut teilweise abziehbar, dünnfleischig.

Lamellen: weißlich-gelblich, bei Reife orangefarben.

Stiel: gelblich, schlank, Basis verjüngt, schleimig, voll.

Fleisch: gelblich, weich.

Vorkommen: Oktober bis Dezember gesellig, besonders auf Kiefernheiden, in Kiefernwald.

Wert: hocharomatischer Speisepilz.

Verwechslungsmöglichkeit: kaum mit Giftpilzen.

Es gehen viel zu wenige Sammler im Spätherbst auf die Pilzjagd, sonst wäre der Frostschneckling mehr bekannt. Nicht nur, daß er um diese Zeit als Frischpilz für die Küche interessant ist, er hat auch ein so vorzügliches Aroma, daß man mit Eifer nach ihm suchen sollte.

Um die gleiche Zeit erscheinen noch **Graublättriger Schwefelkopf** (Seite 82, 84), **Samtfußrübling, Austernseitling** (Seite 31, 34), **Violetter Ritterling** (Seite 76, 83), **Butterrübling, Trompetenpfifferling** (Seite 51, 54) und **Grünling** (Seite 77, 83), so daß wir schon 7 Sorten oder mehr für ein unübertreffliches Mischgericht zusammenbekommen.

Da der Frostschneckling von einer recht dicken Schleimschicht bedeckt ist, sollte man ihn immer sehr gut waschen. Warmes Wasser ist zu empfehlen, es löst den Schleim leichter ab.

Tips für die Pilzküche: Sollte die Ausbeute des Spätherbsttages gar zu reichlich sein, können alle oben genannten Pilzarten auch roh eingefroren werden. Sie werden nach dem Auftauen wie frisch gesammelte Pilze schmecken.

Eigene Notizen:

30 Perlpilz

32 Scheidenstreifling

31 Apfeltäubling

33 Grüngefelderter Täubling

34 Orangeroter Becherling

36 Frostschneckling

35 Spitzmorchel

37 Speisemorchel

Morcheln

37 Speisemorchel

Rundmorchel, Maurich, Mauracherl
Morchella esculenta

Hut: 6–8 (10) cm hoch, 4–8 cm breit, länglich oder rundlich, hellbraun, graubraun, matt, ungleich gekammert durch wahllos verlaufende Längs- und Querrippen, Zellwände faltig-grubig. Ganzer Fruchtkörper hohl.

Stiel: weißlich, gelblich, grubig-furchig, kleiig oder mehlig bepudert.

Fleisch: dünn, spröde, brüchig, wächsern.

Vorkommen: April oder Mai (Juni) in lichten Laubbeständen, Parkanlagen, Gärten. Kalkliebend.

Wert: delikater Speisepilz.

Verwechslungsmöglichkeit: mit ähnlichen eßbaren Morcheln. Vorsicht vor Verwechslung mit **Lorcheln** (Seite 92, 94), die zur gleichen Zeit erscheinen.

Die Morchel, gleich ob sie nun einen dikken, aufgeblasenen Stiel hat, was ihr dadurch einen neuen Namen gibt, oder ob sie gelber oder mehr braun ausfällt, ist immer von hervorragendem Aroma und auch für Frischpilzgerichte sehr begehrt. Allerdings sollten keine großen Mengen davon genossen werden, es könnte zu leichten Unbekömmlichkeitserscheinungen kommen.

Tips für die Pilzküche: Schon mit einer geringen Menge Morcheln, frisch oder getrocknet, hat man viele schöpferische Möglichkeiten. Man kann Pilzmischgerichte aufwürzen, Fleisch durch Morchelbeilage krönen, Sauce oder Suppe auf Morchelbasis aufbauen, dem Ragout (Seite 114, 120) den unübertrefflichen Inhalt geben, mit einem Scheibchen Morchel als schmackhafte Verzierung kalten Platten und Happen das I-Tüpfelchen aufsetzen. Was Sie dagegen als teure »China-Morcheln« kaufen, sind getrocknete **Judasohren** *(Auricularia auricula-judae),* die an alten Holunderstämmen wachsen und kein eigentliches Aroma besitzen.

Eigene Notizen:

Ritterlinge

38 Violetter Ritterling

Nackter Ritterling, Violetter Rötelritterling
Lepista nuda

Hut: 8–10 (15) cm Durchmesser, gewölbt bis gebuckelt, dickfleischig, braunviolett, fleischbraun, wasserdurchfeuchtet. Rand lange nach unten eingebogen.

Lamellen: ausgebuchtet, violett, grauviolett.

Stiel: lila bis lilagrau, faserfleischig.

Fleisch: blaßviolett, wäßrig durchzogen, weich.

Vorkommen: früher Schub an besonders warmen Stellen im Mai, sonst Massenpilz von Ende September bis zum Frost, in Laub- und Nadelwald.

Wert: guter Speisepilz.

Verwechslungsmöglichkeit: äußerlich eventuell mit ungenießbaren **Haarschleierlingen**. Diese haben jedoch, wenn sie jung sind, eine schleierartige Teilhülle zwischen Hutrand und Stiel (Cortina) und dunkelrostbraunes Sporenpulver, das beim Violetten Ritterling dagegen cremerosa getönt ist.

Ich hatte mir einen Ritterling, besonders einen nackten, immer ganz anders vorgestellt. Unterdessen weiß ich, daß auch dieser eine delikate Angelegenheit und daß die Gattung Ritterlinge überhaupt durch viele schmackhafte Arten vertreten ist. Außer einigen wegen Bitterkeit oder üblem Geruch ungenießbaren gibt es einen, der leicht giftig, aber gut zu erkennen ist, den **Tigerritterling** (*Tricholoma pardinum*). Er zeigt im Gegensatz zu den eßbaren kleinschuppigen Erdritterlingen grobe braune bis graubraune Schuppen auf dem hellgrundigen Hut.

Auch der **Mairitterling oder Maipilz** (*Calocybe georgii*) ist mit dieser Gattung verwandt. Ihm wird in vielen Pilzbüchern nachgesagt, daß er der allerfeinste und wohlschmeckendste Pilz sei. Das stimmt nicht. Er riecht streng nach altem Mehl und schmeckt auch so. Ursprünglich lag also ein Fehler vor, der immer wieder abgeschrieben und in neue Bücher übernommen wurde. Ich vermute, daß der Irrtum seinerzeit dadurch entstand, daß sowohl der Mairitterling als auch die Speisemorchel **Maipilz** genannt wurden und das Prädikat der falsche Pilz erhielt, denn die Morchel ist nun wirklich so ausgezeichnet, daß sie schon eher als der beste Pilz gelten kann.

Tips für die Pilzküche: Mit seinem etwas süßlichen Aroma eignet sich der Violette Ritterling für fast alle Gerichte, besonders aber für »Rotkohl« (Seite 118).

Eigene Notizen:

Ritterlinge

39 Grünling

Echter Ritterling, Echter Ritterpilz, Ganske, Goldreizker, Grünreizker
Tricholoma flavovirens

Hut: 5–8 (10) cm Durchmesser, ungleich gerundet, grünbraun, oliv, gelbbraun. Oberhaut abziehbar, klebrig, meist mit fest anhaftenden Humusteilchen verschmutzt.

Lamellen: ausgebuchtet, olivgelb, gelb.

Stiel: gelbgrünlich, gelblich, weißlich, vollfleischig, steckt ziemlich tief in der Erde.

Fleisch: hellgelb bis weißlich, weich, im Stiel faserig.

Geruch: kräftig nach Mehl.

Vorkommen: Oktober oder November (Dezember) gesellig bis büschelig in sandigem Kiefernwald.

Wert: guter Speisepilz.

Verwechslungsmöglichkeit: ähnlich der ungenießbare **Schwefelritterling** *(Tricholoma sulphureum)*, der in allen Teilen schwefelgelb ist und widerlich riecht.

Meine Großmutter hat Grünlinge, da sie im Osten massenhaft und geballt auf engstem Raum erschienen, mit der Harke zusammengerecht; sie trug allerdings Seidenhandschuhe dabei, weil sie eine Dame war. Es spricht für die Qualität dieses Pilzes, daß er Zugang sogar zu den Herrenhäusern fand.

Der Grünling kann in der Farbe sehr variieren. Sein Name sagt schon, daß er grün vorkommt, aber die Farbwiedergabe der Abbildung ist durchaus echt, denn auch so leuchtend gelb, aber auch schwefelgelb, kann er aussehen. Am milden Fleisch mit Mehlgeruch ist der Grünling gut zu erkennen.

Tips für die Pilzküche: Das dem Grünling eigene pikant-würzige Aroma hat keine andere Art aufzuweisen. Früher wurden Pilze, wie auch Gartenfrüchte und Gemüse, viel häufiger durch Einlegen in Würzessig (Seite 130, 134) haltbar gemacht, und dazu eignet sich der Grünling besonders gut. Zum Waschen stark verschmutzter Pilze siehe Seite 101 f.

Eigene Notizen:

Ritterlinge

40 Lilastieliger Ritterling

Maskenritterling, Zweifarbiger Rötelritterling
Lepista personata

Hut: 10–15 (20) cm Durchmesser, beige, karamelfarben, wasserdurchfeuchtet, gewölbt, dickfleischig. Hutrand lange nach unten eingebogen.

Lamellen: ausgebuchtet, hellbeige, karamelfarben.

Stiel: kurz und stabil, voll, Basis verdickt, außen heller oder dunkler violett, silbrig gefasert.

Fleisch: weißlich, im Stiel grauviolett, meist wäßrig durchzogen.

Vorkommen: Oktober oder November gesellig auf Weiden, unter Einzelbäumen, in Parkanlagen, Gärten.

Wert: guter Speisepilz.

Verwechslungsmöglichkeit: kaum mit Giftpilzen.

Auf Weidewiesen, möglichst in Waldnähe oder mit einzelnen Bäumen, werden wir im Spätherbst bestimmt nicht vergeblich nach dem Lilastieligen Ritterling suchen müssen. Er füllt, kompakt und gewichtig, schnell die Körbe. Man sagt ihm und dem **Violetten Ritterling** (Seite 76, 83) nach, daß sie blutzuckersenkend wirken. Der zusätzliche volkstümliche Name »Maskenritterling« zeigt, wie viel die Bevölkerung sich bei der Namensgebung gedacht hat. Man meinte mit der Bezeichnung, daß dieser Pilz in der Maske des Violetten Ritterlings erscheint, dessen Habitus und Stiel er hat.

Tips für die Pilzküche: Mit seinem angenehmen Aroma zählt der Lilastielige Ritterling zu den guten Speisepilzen und kann auf jede Art zur Verwendung kommen, besonders mit Kräutersauce (Seite 120, 121). Er ist frostbeständig und deshalb auch in gefrorenem Zustand noch verwertbar und bekömmlich. Dann sollten aber nur besonders junge, gesunde Stücke ausgewählt werden.

Eigene Notizen:

Ritterlinge

41 Schwarzfaseriger Ritterling

Grauer oder Rußiggestreifter Ritterling, Rußkopf, Schneeling, Schneepilz
Tricholoma portentosum

Hut: 8–10 (12) cm Durchmesser, ungleich gerundet, auf hellgrauem Grund, dem Braun, Grün oder Violett beigemischt sein kann, dunkelgraue bis schwarze radiale Faserung, zum Rand fein auslaufend. Oberhaut feucht schmierig, trocken glänzend, abziehbar.

Lamellen: weißlich, mit apfelgrünem Schein.

Stiel: weißlich, Spitze grünlich behaucht. Nach dem Abschneiden rollen sich die stehenbleibenden Stielreste spiralförmig nach außen auf.

Fleisch: weißlich, etwas wäßrig durchzogen.

Geruch: schwach mehlartig.

Vorkommen: Oktober bis Dezember gesellig in Nadelwald.

Wert: sehr guter Speisepilz.

Verwechslungsmöglichkeit: zu dieser Jahreszeit kaum mit Giftpilzen.

Wenn man in einem Fichtenwald eine Kolonie von eigenartig wachsenden, nach außen aufgerollten weißen Spiralen antrifft, die sich dann als deformierte Pilzstümpfe entpuppen, weiß man, hier haben Schwarzfaserige Ritterlinge gestanden. Man hätte nur etwas schneller sein müssen, dann wäre man selbst der glückliche Finder gewesen. Nun haben die Eichhörnchen sie zuerst entdeckt, den Stiel durchgenagt und die Hüte als Leckerbissen zu ihren Freßplätzen geschleppt. Dieser Pilz ist frostbeständig, bleibt bis Dezember auch unter dem Schnee haltbar (Schneepilz) und kann, falls man ihn dann auftreibt, geerntet werden.

Tips für die Pilzküche: Das Aroma des Schwarzfaserigen Ritterlings ist vorzüglich und macht ihn für alle Einzel- und Mischgerichte verwendbar. Die Huthaut ist abzuziehen.

Eigene Notizen:

Schüpplinge

42 Stockschwämmchen

Stockschüppling, Laubholzschüppling, Lippertzgen
Kuehneromyces mutabilis

Hut: 3–5 (8–9) cm Durchmesser, gewölbt bis gebuckelt, hellbraun, gelbbraun mit dunklerer durchwässerter Randzone, glatt und kahl, dünnfleischig.

Lamellen: hell- bis rostbraun, jung von weißer schleierartiger Teilhülle bedeckt.

Stiel: dünn, meist krumm durch büscheliges Wachstum, braun, im oberen Drittel angedeuteter Ring als Rest der Teilhülle, darunter dunkelschuppig, hohl.

Fleisch: im Hut weich, im Stiel zäh bis holzig.

Vorkommen: Frühjahr bis Herbst büschelig besonders an Laubholz.

Wert: sehr aromatischer Speisepilz.

Verwechslungsmöglichkeit: ähnlich der eßbare **Graublättrige Schwefelkopf** (Seite 82, 84), der ungenießbare **Grünblättrige Schwefelkopf** und weitere Schwefelköpfe, Schüpplinge und Flämmlinge. In diesem Falle ist die Geschmacksprobe am rohen Pilz angezeigt; Stockschwämmchen und Graublättriger Schwefelkopf schmecken mild, die nicht genießbaren mehr oder weniger bitter.

An einem guten Baumstumpf kann man 100 Hütchen und mehr ernten, und das viele Jahre lang. Durch wiederholte Befragung meiner Besucher konnte ich als längste Erntezeit von ein und demselben Stock eine Spanne von 16 Jahren ermitteln. Dieser Pilz ist durch Beimpfen entsprechender Holzabschnitte mit käuflicher Pilzbrut (Seite 22 f.) züchtbar. Man kann auch experimentieren und reife Hüte, Sporenwasser oder myzeldurchwachsenes Holz in die vorgesehenen Hölzer bringen. Das ist allerdings ein Unternehmen ohne Garantie.

Tips für die Pilzküche: Das kräftige Aroma des Stockschwämmchens ist allgemein bekannt. Ein paar Hütchen geben einem Mischgericht den richtigen Pfiff, Stockschwämmchensuppe ist eine Delikatesse. Die zähen Stiele sind frisch nicht zu gebrauchen, liefern aber getrocknet und gemahlen ein gutes Pilzpulver.

Eigene Notizen:

Korallen

43 Goldgelbe Koralle

Geißbart, Ziegenbart, Bocksbart, Judenbart, Krausbart, Karviol, Goldgelbe Bärentatze, Astlschwamm, Händling, Himmelvatahand, Finger, Fingerling, Bärenpratzen, Wolfstatze, Katzentappe, Hasenpratzl, Scherprazln, Rehpratzel, Mauspfoten, Hahnefüßchen, Hünnerfürche, Hennefüßli, Hühnerkralle, Hennapratzn, Gocklschopf
Ramaria aurea

Fruchtkörper: 6–12 (15) cm hoch, korallenförmig verästelt, goldgelb mit weißem Strunk.

Fleisch: brüchig, spröde.

Geschmack: mild.

Vorkommen: Sommer bis Herbst in Laub- und Nadelwald.

Wert: jung wohlschmeckend.

Verwechslungsmöglichkeit: mit genießbaren und ungenießbaren Korallen.

Die Korallen sind für den Sammler ein Kapitel für sich, ein kritisches. Es gibt wenige eßbare und mehrere, die zu heftigen Magen- und Darmbeschwerden, also Vergiftungen, führen. Von den eßbaren gilt darüber hinaus, daß sie nur jung gut bekömmlich sind, und von manchen Arten sollen auch noch die Spitzen weggeschnitten werden. Erschwerend kommt hinzu, daß eßbare gelbe Korallen im Alter ausbleichen und dann wiederum Ähnlichkeit mit den helleren giftigen haben, so daß der Laie auch diese einmal für die eßbaren halten könnte. Also verwirrend im höchsten Maße. Wenn mich meine Pilzschüler und Besucher nun festnageln auf eine konkrete Entscheidung, rate ich ihnen, nur junge Exemplare der Goldgelben Koralle zu nehmen, wenn sie sie mit Sicherheit bestimmen können, und den **Hahnenkamm** *(Ramaria botrytis)* mit rötlich-violetten Spitzen und mildem Fleisch.

Ein entfernt ähnlicher Fruchtkörper, der wie ein großer Badeschwamm aussieht und dicht am Stamm alter Kiefern aus dem Boden wächst, ist die **Krause Glucke** *(Sparassis crispa)*. Sie ist einer unserer besten Speisepilze und es gibt keinen giftigen Doppelgänger.

Tips für die Pilzküche: Scheiben von Krauser Glucke, in Bierteig getaucht und gebacken, sind eine Delikatesse. Sie schmeckt aber auch auf jede andere Art zubereitet sehr fein.

Eigene Notizen:

Schwefelköpfe

44 Graublättriger Schwefelkopf

Rauchblättriger oder Milder Schwefelkopf
Hypholoma capnoides

Hut: 3–5 (10) cm Durchmesser, gewölbt bis gebuckelt, gelbocker mit rotbrauner Mitte, fleischig, Rand von Hüllresten zart behangen.

Lamellen: gelblich, dann hellgrau bis violettgrau.

Stiel: krumm durch büscheliges Wachstum, Stielspitze mattgelb, zur Basis hin rostbraun, hohl.

Fleisch: im Hut kernig, weißlich, gelblich, im Stiel faserig, holzig, oben gelblich, zur Basis rostbraun.

Vorkommen: Oktober bis März büschelig an totem Nadelholz.

Wert: hocharomatischer Speisepilz.

Verwechslungsmöglichkeit: mit dem eßbaren **Stockschwämmchen,** mit ungenießbaren Schwefelköpfen, **Schüpplingen** und **Flämmlingen.** Geschmacksprobe nehmen (siehe unten).

Als dichte gelbbräunliche Pilzbüschel überraschen uns im winterlichen Fichtenwald die mit Graublättrigen Schwefelköpfen fast verdeckten Baumstümpfe. Zu dieser Zeit gibt es aber auch noch Nachzügler des ähnlichen **Ziegelroten Schwefelkopfes** (*Hypholoma sublateritium*) und des **Grünblättrigen Schwefelkopfes** (*Hypholoma fasciculare*), die mehr oder weniger bitter und ungenießbar sind. Im Zweifelsfalle ist die Probe am rohen Pilz entscheidend: mild und von kräftigem, angenehmem Geschmack ist nur der Graublättrige Schwefelkopf (und das **Stockschwämmchen,** Seite 80, 84).

Tips für die Pilzküche: Durch sein starkes Aroma läßt sich der Graublättrige Schwefelkopf nicht nur zu pikanten Einzelgerichten, sondern auch besonders zum Aufwürzen von Mischgerichten verwenden. Er eignet sich roh hervorragend zum Einfrieren und schmeckt nach dem Auftauen wie frisch geerntet.

Eigene Notizen:

38 Violetter Ritterling

40 Lilastieliger Ritterling

39 Grünling

41 Schwarzfaseriger Ritterling

42 Stockschwämmchen

44 Graublättriger Schwefelkopf

43 Goldgelbe Koralle

45 Märzellerling

Ellerlinge

45 Märzellerling

Märzschneckling, Frühlingsellerling
Hygrophorus marzuolus

Hut: 4–10 (12) cm Durchmesser, meist ungleich gerundet und verbogen, unter Laub und Moos weißlich, am Licht nachfärbend grau, grauschwärzlich. Jung Rand eingebogen, später wellig aufgeschlagen, Oberhaut glatt, wenig abziehbar.

Lamellen: weißlich, hellgrau, weitstehend, dicklich, etwas am Stiel herablaufend.

Stiel: weißlich, grau, voll, derb.

Fleisch: weißlich, fest, aber zart, im Stiel etwas faserig.

Vorkommen: März oder April (Mai) gern unter Weißtannen, in Nadel- und Mischwald.

Wert: besonders wohlschmeckender Speisepilz.

Verwechslungsmöglichkeit: kaum mit Giftpilzen.

Dieser wohlschmeckende Pilz zu einer ausgefallenen Jahreszeit läßt sich sehr schwer finden. Er versteckt sich, seine ganze kleine Familie in einem Nest zusammenhaltend, unter Moospolstern sowie dicken Laub- und Nadelschichten, und nur die Wölbung des Mooses oder der Walddecke verrät ihn. Manchmal lugt auch ein großer unvorsichtig hervor, und schon sind er und seine liebenswerte Sippschaft als Ausbeute unserer Vorfrühlingspilzjagd für den Kochtopf fällig. Der Märzellerling ist im Gebirge häufiger als im Flachland, kann aber überall vorkommen. Nur weil so kurz nach der Schneeschmelze kaum ein Sammler auf die Pilzsuche geht, sind seine Standorte fast geheim, und er selbst ist so wenig bekannt.

Tips für die Pilzküche: Mit Butter zubereitet und mit wenig Petersilie bestreut, zeigen die Märzellerlinge am besten, welch köstliches Aroma in ihnen steckt.

Eigene Notizen:

Schleierlinge

46 Semmelbrauner Schleimkopf

Ziegelgelber Schleimkopf
Phlegmacium varium
Bild auf dem Einband vorne, links unten

Hut: 7–8 cm Durchmesser, Mitte rotbraun, semmelbraun, fuchsig, zum Rand heller bis gelb, schmierig, dickfleischig. Jung halbkugelförmig, durch fädigen Schleier mit dem Stiel verbunden, nach dem Aufschirmen Rand von Schleierresten behangen.

Lamellen: violett, lange so bleibend, im Alter braun.

Stiel: weißlich, keulig, Basis knollig verdickt, im oberen Stieldrittel Reste des Schleiers, in denen sich der ausfallende dunkelrostbraune Sporenstaub fängt, festfleischig.

Fleisch: weiß, fest.

Vorkommen: Sommer bis Herbst, besonders im September, in Nadelwald auf Kalk, im Gebirge mancherorts Massenpilz.

Wert: guter Speisepilz.

Verwechslungsmöglichkeit: kaum mit Giftpilzen.

Es lohnt, sich um diesen wertvollen Speisepilz, der für die feinsten Gerichte brauchbar ist, etwas zu bemühen. Da er Kalkboden bevorzugt, sollten wir zunächst feststellen, wo dieser in der Nähe vorhanden ist. Es gibt einschlägige Kartenwerke, aus denen man die Bodenbeschaffenheit ersehen kann, aber auch Pflanzen, die auf Kalk schließen lassen (Bingelkraut, Bärlauch, Seidelbast, Sanikel, Lerchensporn, Akelei, Lungenkraut). Im Nadelwald, besonders im Gebirge, kann dieser gesellig wachsende Pilz uns dann große Ernten bescheren.

Eigene Notizen:

Giftpilze

Berauscht vom Fliegenpilz

Bei einigen Stämmen im Nordosten Sibiriens ist es noch heute üblich, Fliegenpilze zu sammeln, um sie bei festlichen Anlässen als Rauschmittel zu konsumieren. Die geschnittenen Pilze werden zu diesem Zweck getrocknet und in Spezialkästchen aufbewahrt.

Eine halbe Stunde nach dem Verzehr stellen sich die ersten Anzeichen eines handfesten Rausches mit gehobener Stimmung, Heiterkeit, Erregungs- und Verwirrungszuständen, Sinnestäuschungen, Schwindelgefühl, Bewußtlosigkeit und schließlich tiefem Schlaf ein. Die Wirkung kann aber auch völlig anders geartet sein und in Wut und Tobsucht umschlagen. Nach erfolgtem Tiefschlaf ist der Berauschte wieder nüchtern, und das Gift wird auf natürlichem Wege durch die Nieren ausgeschieden. Dieser gifthaltige Urin ist nun wieder so wertvoll, daß die Männer sich gleich einen weiteren Rausch damit antrinken, der allerdings nicht mehr so stark wie der erste ausfällt.

Diese Methode kann zum Tode führen, da der **Fliegenpilz** (*Amanita muscaria*), dieser lackrote Märchenbuchpilz mit den weißen Punkten auf dem Hut, ein gefährlicher Giftpilz ist. Vor jeglichem Versuch der Nachahmung muß eindringlich gewarnt werden.

Aus der einschlägigen Literatur geht hervor, daß dieser Pilz schon wiederholt ohne Beschwerden verzehrt worden ist, nachdem die Huthaut entfernt worden und zweimaliges Abkochen mit frischem Wasser erfolgt war. Andererseits gab es auch Todesfälle trotz Vorbehandlung. Man erklärt es so, daß der Gehalt der beiden Giftstoffe Pilzatropin und Muscarin unterschiedlich sein kann, weshalb bei guter Ausgewogenheit keiner der beiden zur Wirkung kommt, da sie sich gegenseitig aufheben. Das läßt sich aber nicht ohne weiteres prüfen, und deshalb muß der Fliegenpilz immer als giftig angesehen werden.

Verstärkt ist das Muscarin im **Braunen Fliegenpilz** (*Amanita muscaria var. umbrina*) und im **Pantherpilz** (*Amanita pantherina*) vorhanden. 120- bis 380fach – je nach Standort – höher als beim Fliegenpilz ist der Gehalt beim **Ziegelroten Rißpilz** (*Inocybe patouillardii*), der schon einige Todesopfer gefordert hat. Der **Kegelhutige Rißpilz** (*Inocybe fastigiata*), der **Rübenfüßige Rißpilz** (*Inocybe napipes*), der **Giftige Feldtrichterling** (*Clitocybe dealbata*), der **Rinnigbereifte Trichterling** (*Clitocybe rivulosa*) und der **Bleiweiße Trichterling** (*Clitocybe cerussata*) enthalten genug Muscarin, um eine gefährliche Vergiftung zu bewirken.

Wulstlinge (Knollenblätterpilze)

47 Kegelhütiger Knollenblätterpilz Tödlich giftig!

Spitzkegeliger Knollenblätterpilz, Klebriger Wulstling, Weißer Knollenblätterpilz *Amanita virosa,* nach Moser *Amanita verna verna*

Hut: 4–7 (10) cm Durchmesser, kegelförmig, weiß, später Scheitel beigebraun bis hellfuchsig. Oberhaut feucht klebrig, trocken seidig glänzend, abziehbar.

Lamellen: weiß, weich, frei, jung von weißer Teilhülle bedeckt.

Stiel: schlank, gleichmäßig dick oder nach oben verjüngt, oft schuppig aufgerissen. Basis verdickt, steckt in offener, jedoch anliegender Scheide (Rest der Gesamthülle), im oberen Stieldrittel fetzige, häutige Manschette, die auch abfallen kann.

Fleisch: weiß, weich.

Geruch: übel, aasartig.

Vorkommen: Sommer besonders in Nadelwald. Ziemlich selten.

Verwechslungsmöglichkeit: mit dem Anischampignon oder anderen weißen Speisepilzen.

Wenn alle Merkmale beachtet werden, ist dieser Pilz nicht mit anderen Arten zu verwechseln. Für den Laien kann er entfernt Ähnlichkeit mit dem **Anischampignon** (Seite 61, 64) oder auch mit Vertretern der **Scheidlinge** haben, jedoch reichen die Artkennzeichen zu einer genauen Bestimmung aus. In Zweifelsfällen auf unbestimmbare Pilze verzichten. Der Kegelhütige Knollenblätterpilz ist in der Jugend gänzlich von einer weißen Hülle umgeben, wovon dann nach Streckung des Pilzes die Scheide um die Stielbasis zurückbleibt. Bei ähnlichen weißen Knollenblätterpilzen, die jedoch flach aufgeschirmt und in Wäldern aller Art häufig anzutreffen sind, handelt es sich um den **Gelblichen Knollenblätterpilz** *(Amanita citrina)*, der, gleich ob in Weiß oder Gelblich, immer streng nach Kartoffelkeimen riecht. Diese Art ist nicht giftig, aber auch kein Speisepilz.

Eigene Notizen:

Wulstlinge (Knollenblätterpilze)

48 Grüner Knollenblätterpilz
Tödlich giftig!

Grüner Giftwulstling, Giftgrünling, Giftchampignon, Gichtschwamm, Grüner Schierlingschwamm
Amanita phalloides

Hut: 6–10 (12) cm Durchmesser, olivgrün, olivbraun, gelbgrün, dunkel radial gefasert, daher Zentrum dunkler, glatt und meist kahl, selten mit lappigem Rest der Gesamthülle bedeckt, feucht etwas klebrig, trocken seidig schimmernd, Oberhaut abziehbar.

Achtung: es gibt eine schmächtigere **weiße Form** *(var. verna)* mit sonst den gleichen Merkmalen und der gleichen Giftigkeit.

Lamellen: weiß, weich, frei, jung mit weißer Teilhülle bedeckt.

Stiel: weißgrundig, hängende, leicht geriefte Manschette als Rest der Teilhülle, darunter meist mit etwas Hutfarbe gleichmäßig genattert. Stielbasis knollig, von einer offen abstehenden Hauttasche (Scheide, Rest der weißen Gesamthülle) umgeben.

Fleisch: weiß, zart.

Geruch: süßlich, honigartig.

Geschmack: angenehm nußartig, darf nicht probiert werden! (Seihe Seite 8.)

Vorkommen: Sommer bis Herbst gebietsweise häufig, besonders in Jungeichenbeständen, seltener bei Buchen oder in Nadelwald.

Verwechslungsmöglichkeit: von der Farbe her etwas Ähnlichkeit mit grünen **Ritterlingen** oder **Täublingen,** die jedoch, außer weiteren Untescheidungsmerkmalen, keine Reste von Teilhülle oder Gesamthülle (Manschette, Scheide) aufweisen.

Der Grüne Knollenblätterpilz ist durch mehrere arteigene Erkennungsmerkmale sehr gut zu bestimmen und dürfte nicht mit anderen Pilzen verwechselt werden. Die meisten durch ihn ausgelösten Vergiftungen beruhen tatsächlich nicht auf einer Verwechslung, sondern auf völlig unbedachtem Verzehr unbekannter, dem Sammler so gut aussehender Pilze, also auf gröbstem fahrlässigem Leichtsinn (Vergiftungen siehe Seite 15).

Eigene Notizen:

Wulstlinge (Knollenblätterpilze)

49 Pantherpilz Sehr giftig!

Pantherwulstling, Krötenstuhl, Paddenstuhl
Amanita pantherina

Hut: 6–10 cm Durchmesser, heller oder dunkler gelbbraun, auch schwarzbraun, Rand gerieft. Oberhaut abziehbar, mit weißen Hüllresten, in der Mitte verdichtet.

Lamellen: weiß, weich, frei.

Stiel: weiß, schlank, feinfaserig, Basis knollig, von angewachsenem Scheidenwulst (Kindersöckchen oder Bergsteigersöckchen) umhüllt. Im oberen Stieldrittel hängende, ungerieft Manschette.

Fleisch: weiß, weich.

Vorkommen: Sommer bis Herbst in Laub- und Nadelwald.

Verwechslungsmöglichkeit: mit dem **Perlpilz** (Seite 66, 73) und dem **Grauen Wulstling** (Seite 66).

Der Pantherpilz enthält größere Mengen von Muscarin und Muscaridin. Schon bald nach dem Verzehr der Pilze werden die ersten Symptome der Vergiftung ausgelöst (Schwindel, Erregung, Rauschzustände). Sie wird deshalb auch rasch erkannt. Ärztliche Hilfe ist angezeigt und erfolgreich.

Merkmale zur Unterscheidung von Perlpilz, Grauem Wulstling und Pantherpilz

	Perlpilz	Grauer Wulstling	Pantherpilz
Hutfarbe:	fleischbräunlich	graubraun	gelbbraun
Hutrand:	glatt	glatt	gerieft
Hüllreste:	graubeige	grau	weiß
Manschette:	gerieft	gerieft	glatt
Basis:	knollig	knollig	knollig mit Scheidenwulst (Kindersöckchen)
Fleisch:	irgendwo rosa	weiß	weiß

Eigene Notizen:

Rißpilze (Faserköpfe)

50 Ziegelroter Rißpilz Sehr giftig!

Mairißpilz, Ziegelroter Faserkopf
Inocybe patouillardii

Hut: 3–7 (10) cm Durchmesser, kegelförmig. Jung kegelig-glockig, faserig, Rand aufreißend, weiß- bis beigegrundig, vom Rand und den Rissen her ziegelrötlich verfärbend, im Alter ganzer Pilz ziegelrotbraun.

Lamellen: weißlich, graulich, alt olivbraun, Schneide weiß.

Stiel: weißlich, faserig, ziegelrot verfärbend, meist gekrümmt, voll.

Fleisch: weißlich, ziegelrötlich.

Vorkommen: Mai bis Juni (Juli) gesellig in Parkanlagen, auf Rasen, unter Gebüsch.

Verwechslungsmöglichkeit: eventuell mit dem zur gleichen Zeit erscheinenden eßbaren **Mairitterling** *(Calocybe georgii),* der jedoch stark nach Mehl riecht und nie ziegelrot verfärbt.

Der Ziegelrote Rißpilz blieb lange Zeit unbeachtet und erregte erst Aufsehen, als einige Todesfälle durch ihn auftraten. Seit 1925 befaßten sich dann Wissenschaftler mit diesem Pilz und stellten als Giftstoff das Muscarin fest. Für dieses Gift wird gern der **Fliegenpilz** *(Amanita muscaria)* mit seinem Gehalt als Norm hingestellt, und in den meisten Pilzbüchern wird eine 20fache Menge an Muscarin im Ziegelroten Rißpilz angegeben. Das ist ein Irrtum. Eugster hat, je nach Ernte von unterschiedlichen Standorten, die 120- bis 380fache (!) Menge isoliert. Die Vergiftung tritt mit ersten Anzeichen bald nach der Mahlzeit auf und kann therapeutisch gut angegangen werden.

Eigene Notizen:

Lorcheln

51 Frühjahrslorchel Sehr giftig!

Frühlorchel, Laurich, Stockmorchel, Lauerchen
Gyromitra esculenta

Hut: 6–8 (10) cm breit und hoch, unregelmäßig verformt, lappig gewunden (ähnlich Hirnmasse), dunkelbraun, am Stiel angewachsen. Ganzer Fruchtkörper hohl.

Stiel: weißlich, gelblich, grubig.

Fleisch: dünn, brüchig, wächsern.

Vorkommen: März bis Mai besonders unter Kiefern.

Verwechslungsmöglichkeit: mit eßbaren **Morcheln** (Seite 71, 74, 75). Sehr ähnlich ist die ebenfalls giftige **Riesenlorchel** *(Gyromitra gigas)*, mittelbraun, mit kürzerem Stiel.

Lorcheln wurden früher besonders im Osten, wo sie massenhaft vorkamen, tonnenweise gesammelt, gehandelt und industriell verarbeitet. Es fanden sich zum Beispiel ein paar Stückchen als Zierde auf dem »Leipziger Allerlei«, wenn man die Dose an der richtigen Seite öffnete. Man wußte zwar, daß diese Pilze giftig waren, aber nach Vorkochen und Fortschütten des Kochwassers waren sie vielen Menschen bekömmlich. Erst als es trotz richtiger Vorbehandlung zu schweren Vergiftungen und vielen Todesfällen kam, wurde man aufmerksam und deklarierte die Lorchel als Giftpilz. Aus getrockneten Lorcheln sollen nach einem halben Jahr die schädigenden Giftstoffe entwichen sein, sagte man bisher, aber die neuesten Prüfungen haben ergeben, daß bis zu 50 % des Gifts auch noch im Trockenmaterial enthalten sein können.

Weil es kein offizielles Gesetz für den Handel mit Pilzen gibt, werden trotz aller neuen Erkenntnisse um die Giftigkeit immer noch frische, konservierte oder getrocknete Lorcheln angeboten, die also giftig sind. Einige große lorchelverarbeitende Werke haben besondere Entgiftungsverfahren entwickelt. Das Produkt ist dann wesentlich teurer und trägt den sichtbaren Vermerk »Durch besonderes Verfahren entgiftet«.

Eigene Notizen:

47 Kegelhütiger Knollenblätterpilz (tödlich giftig)

49 Pantherpilz (sehr giftig)

48 Grüner Knollenblätterpilz (tödlich giftig)

50 Ziegelroter Rißpilz (sehr giftig)

51 Frühjahrslorchel (sehr giftig)

53 Kahler Krempling (giftig)

52 Riesenrötling (sehr giftig)

54 Satanspilz (giftig)

Rötlinge

52 Riesenrötling Sehr giftig!

Giftrötling, Bleicher Rötling, Leichenfarbiger Rötling
Rhodophyllus sinuatus

Hut: 5–15 (20) cm Durchmesser, gewölbt, später flach, Rand lange nach unten eingeschlagen, dickfleischig, beigegrau, trocken mit silbrigem Schimmer, glänzend, feinfaserig, Oberhaut abziehbar.

Lamellen: weißlich, gelblich, reif lachs- bis fleischrosa.

Stiel: weißlich, gefasert, glänzend, fest, alt hohl.

Fleisch: weißlich, weich.

Geruch: mehl- oder drogenartig.

Vorkommen: Sommer besonders in lichtem Laubwald.

Verwechslungsmöglichkeit: mit dem eßbaren **Schildrötling** *(Rhodophyllus clypeatus)*, der unter Umständen zur gleichen Zeit erscheint.

Der Riesenrötling ist verhältnismäßig selten und tritt nur gebietsweise, so in Westdeutschland und Frankreich, gesellig auf. Bei eingehender Betrachtung ist er kaum mit anderen Arten zu verwechseln. Den sehr guten Schildrötling (siehe oben) sollten nur wirkliche Kenner sammeln.
Es gibt im Frühjahr weitere giftige Rötlinge wie den **Frühlings-Giftrötling** *(Rhodophyllus vernus)*, so daß gerade bei dieser Gattung mit dem rosafarbenen Sporenstaub Vorsicht geboten ist.

Eigene Notizen:

Krempenpilze

53 Kahler Krempling Giftig!

Empfindlicher Krempling, Speckpilz
Paxillus involutus

Hut: 6–12 cm Durchmesser, gelbbraun, jung gewölbt, bald gerade bis Mitte vertieft. Rand lange nach unten eingeschlagen, bei jungen Exemplaren leicht filzigwollig.

Lamellen: gelblich, bräunlich, empfindlich gegen Druck, dann dunkelbraun verfärbend, am Stiel etwas herablaufend.

Stiel: gelbbraun bis rostbraun, ebenfalls bei Druck dunkelbraun verfärbend, voll.

Fleisch: gelblich, bräunlich, weich, beim Kochen fast schwarz werdend.

Geschmack: säuerlich. Darf probiert werden.

Vorkommen: Sommer bis Herbst innerhalb und außerhalb der Wälder, in Gärten, Parks, auf Plätzen bei einzelnen Bäumen.

Es war immer bekannt, daß der Kahle Krempling giftig ist. Nach 20 Minuten langem Erhitzen, so empfahl man es früher in den Pilzbüchern, sei das Gift abgetötet. Trotzdem war er vielen Menschen nicht bekömmlich. Schwere Erkrankungen mit Todesfolge durch diesen Pilz wurden bekannt, und eine Forschungsklinik befaßte sich eingehend mit der Untersuchung dieser Fälle. Seitdem ist nun gewiß, daß sich im menschlichen Körper gegen den Kahlen Krempling auch bei richtiger Vorbehandlung und scheinbarer Verträglichkeit ein Antistoff entwickelt, der nicht abgebaut, sondern nach jeder Kremplingsmahlzeit angereichert wird. Nach genügender Summierung dieser Antistoffe kann es dann, beim einen früher, beim anderen später, plötzlich nach einem Kremplinggericht zum Ausbruch der schweren organischen Schädigung, auch mit Todesfolge, kommen. Also, Hände weg vom Kahlen Krempling!

Eigene Notizen:

Röhrlinge

54 Satanspilz Giftig!

Jaunpilz, Kuhfotzen
Boletus satanas

Hut: 10–20 (25) cm Durchmesser, polsterförmig, dickfleischig, silbergrau, steingrau, matt, bei Trockenheit glänzend, Oberhaut nicht abziehbar.

Röhren: gelblich, gelbgrün mit roten Mündungen, also bei Aufsicht rot, auf Druck grünblau verfärbend.

Stiel: dick und stabil, Spitze gelb, zur Basis hin rot überhaucht oder genetzt, an Fraßstellen goldgelb, Basis knollig.

Fleisch: weißlich, gelblich, schwach blau verfärbend, fest.

Geruch: unangenehm, aasartig.

Vorkommen: August oder September in lichtem Buchenwald auf Kalk. Recht selten.

Verwechslungsmöglichkeit: eventuell mit eßbaren Röhrlingen mit roten Röhrenmündungen (Seite 42, 44).

Vor dem Satanspilz braucht man sich nicht besonders zu fürchten. Er ist nur roh giftig, hat auch noch keine Todesopfer gefordert. Zubereitet, also erhitzt, bewirkt er nur nach Verzehr größerer Mengen Magen- und Darmstörungen. Im Norden kommt er so gut wie gar nicht vor, im Süden ist er recht selten, und mancher Pilzfreund, der jedes Jahr nach ihm sucht, hat ihn noch nie zu Gesicht bekommen.

Eigene Notizen:

Feinschmeckers Pilzküche

Vom Korb in Pfanne und Topf: Wie man Pilze richtig vorbehandelt und zu wohlschmeckenden Pilzgerichten verarbeitet. Über 100 erprobte Pilzrezepte für jeden Geschmack. Praktische Tips zum Einlegen, Einfrieren und Trocknen von Pilzen.

Vor dem Kochen zu lesen

Die Gerichte des nun folgenden Rezeptteils sind für den Sammler und daher in erster Linie für selbstgesammelte Pilze gedacht. Natürlich können Sie auch im Handel angebotene Frischpilze verwerten. Man sollte aber möglichst Konserven meiden, denn geschmacklich übertrifft jeder unbedeutende, aber frische Waldpilz die besten sterilisierten Edelpilze.

Die Mengenangabe

Die Rezepte sind *für 4 Personen* gedacht. Nun läßt sich die Menge bei selbstgesammelten Pilzen nicht so genau vorschreiben, denn die Ausbeute ist unterschiedlich, und auch bei genauem Abwiegen bringen feuchte Pilze weniger Masse in den Kochtopf als bei trockenem Wetter gesammelte oder Arten, die kein Wasser aufnehmen.

Nach meinen Erfahrungen ist das ungefähre Maß für ein Hauptgericht pro Person so viel, wie man an vorbereiteten, aufgeschnittenen Pilzen zwischen zwei Händen fassen kann. Außerdem kommt es nicht so sehr auf eine ganz genaue Menge an, da das Gelingen der Rezepte nicht davon abhängig ist, vorausgesetzt, man hält sich bei den Gewürzen nicht streng an die Vorschrift, sondern würzt nach Geschmack.

Besonders geeignet für variable Pilzmengen sind die folgenden Rezepte: Hülsenfrüchte (Seite 125), Hackbraten (Seite 107), Pilz-Fleisch (Seite 109 ff.), Pilzküchlein (Seite 126), Pichelsteiner (Seite 128).

Die Vorbereitung

In den Rezepten heißt es: »Die vorbereiteten Pilze...«. Das bedeutet, daß sie folgendermaßen behandelt werden.

Putzen:
Grundsätzlich werden die Pilze geputzt. Die Huthaut wird vom Rand her abgezogen, wenn sie schmierig ist oder sich leicht

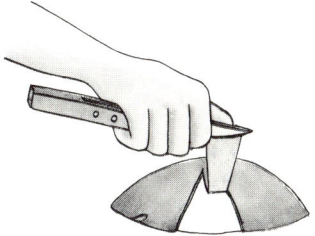

abziehen läßt. Der Stiel wird durch Abschaben mit dem Küchenmesser von anhaftendem Humus oder Schleim befreit, eventuell die sandige Basis abgeschnitten, wenn dies nicht schon vorschriftsmäßig beim Sammeln geschehen ist. Madige Stellen werden ausgeschnitten.

Waschen:
Mit Ausnahme jener Pilze, bei denen im Rezept etwas anderes vorgeschrieben ist, erfordern fast alle Arten ein kurzes, aber gründliches (auch zweimaliges) Waschen in viel Wasser. Dann werden sie auf ein Sieb zum Abtropfen gehoben und können dabei, wenn sie viel Waschwasser aufgesogen haben, wie ein Schwamm ausgedrückt werden; das schadet ihnen nicht und verhindert, daß beim Schmoren zuviel Saft austritt.

Es gibt einige Pilzarten, z. B. den Grün-

Vor dem Kochen zu lesen

ling, die durch Waschen allein nicht vom Sand zu befreien sind und einer Radikalreinigung bedürfen. Ich benutze einen kleinen Schwamm oder ein weiches Bürstchen, um den hartnäckigen Schmutz einzeln von den Hüten zu waschen.

Die Krause Glucke, die mit ihrem Strunk sogar Gras, Kiefernnadeln, Ästchen und überhaupt alles, was ihr hemmend in den Weg kommt, umwächst und ungern wieder hergibt, überliste ich folgendermaßen. Um wegen der besonderen Schmackhaftigkeit dieses Pilzes auch nicht ein Stück zuviel wegschneiden zu müssen, nur weil ich es nicht sauber bekomme, lege ich diesen Fruchtkörper, grob zerschnitten, in ein Sieb und überbrühe ihn mit kochendem Wasser. Dadurch erschlaffen die spröden Kammern und geben beim nachfolgenden Waschen die Humusteilchen usw. her.

Schneiden:
Bis auf ein paar Spezialrezepte werden die Pilze immer fein aufgeschnitten, je festfleischiger, desto feiner, damit sie ihr Aroma besser entfalten können und leichter verdaulich werden. Längeres Kochen oder Braten nützt später nichts mehr, davon werden sie nur härter. Ein Gericht muß in 10–15 Minuten fertig sein.

Das Schneiden geschieht am besten auf einem größeren Brett mit einem recht scharfen Messer. Kleine Hüte werden in dünne Streifen aufgeblättert, große vorher geteilt. Kein Streifen sollte länger als 3–4 cm sein. Der Stiel wird gegen die Faser in dünne Scheiben geschnitten.

Geeignetes Koch- und Bratgeschirr

Zur Zubereitung von Pilzgerichten eignen sich kunststoffbeschichtete Pfannen und Töpfe, ebenso emaillierte Geschirre und solche aus feuerfestem Glas oder hitzebeständigem Porzellan. Zur Aufbewahrung von Resten im Kühlschrank sollten keine Metallgefäße benützt werden.

Die Gewürze

Vom übermäßigen Würzen, wie es in manchen Kochbüchern empfohlen wird, muß ich Ihnen abraten; damit würde gerade das feine, durch nichts zu ersetzende Pilzaroma übertönt werden und verlorengehen. Nur bei minderwertigen Pilzen ohne gutes Aroma können folgende Gewürze verwendet werden: Knoblauch, Rosenpaprikapulver, Curry, Thymian, Rosmarin, flüssige Speisewürze. Gilt es, ein unerwünschtes Aroma oder Bitterstoffe zu tilgen (Rehbrauner Dachpilz, Habichtspilz), sollte man säuerliche Zusätze geben (Wein, Essig, Zitronensaft), Rezept Saure Pilze, Seite 127.

Vor dem Kochen zu lesen

Das Nonplusultra jedes Pilzgerichts ist die Zugabe einer kleinen Menge feingehackter roher Pilze kurz vor dem Auftragen. Dazu eignen sich besonders: Graublättriger Schwefelkopf, Stockschwämmchen, Anischampignon, Krause Glucke, junger Pfifferling, Frostschneckling, Schwarzfaseriger Ritterling, Grüngefelderter Täubling.

Ein einziges Hütchen des Saitenstieligen Knoblauchschwindlings *(Marasmius alliaceus)*, der auf vergrabenen Buchenästen wächst, kann, feingehackt und einem Gericht von 1½ bis 2 kg Mischpilzen kurz vor dem Auftragen untergemischt, den Knoblauchliebhaber in Verzückung versetzen.

Mögliche Beigaben

Sind nicht genügend Pilze vorhanden, kann mit gut gewählten Beigaben schöpferisch gemogelt bzw. veredelt werden. Die Menge der Beigaben sollte die der Pilze nicht übertreffen, um den Charakter des Pilzgerichts zu wahren. Geeignet sind:
in Streifen geschnittene Fleischreste aller Art wie Braten, Kochfleisch, Rauchfleisch, Hackfleisch, Bouletten • Streifen von gekochtem Schinken, Fleischwurst, Fleischkäse, Würstchen • Klößchen aus Frischfleisch oder Bratwurstmasse • Stifte oder Würfel von Karotten, Erbsen (oder beide zusammen), Schwarzwurzeln, Paprikaschoten oder enthäutete Tomatenachtel • feingeschnittener Käse • gekochte Nudeln, Spaghetti, Makkaroni.

Passende Beilagen

Die geschickte Hausfrau – und nachdem der Mann ihr nun in der Küche gleichberechtigt ist, auch der Hobbykoch – weiß, daß man Pilzragout statt in Pasteten ebenso in Schiffchen, Körbchen oder Förmchen füllen oder auch mit Reis, Kartoffelpüree, Spätzle oder Knödeln servieren kann. Besonders gut passende Beilagen werden, wo erforderlich, bei den einzelnen Rezepten genannt.

Die Wahl der Pilzarten

Keiner der edelsten Pilze ist geschmacklich so gut, als daß er nicht durch Zugabe anderer Arten noch besser würde, das heißt, daß ein Mischgericht guter Pilze einem Einzelgericht vorzuziehen ist. »Sieben Sorten ergeben das beste Aroma«, sagte schon unsere Großmutter, und damit hatte sie recht. Es dürfen auch mehr sein, auf daß ein unübertrefflicher Einklang erreicht werde. Jede Pilzart schmeckt ein wenig anders: die eine herb-würzig, pikant, pfeffrig, bitterlich, sogar etwas scharf, die andere mild, süßlich, nußartig, so daß durch das Geben und Nehmen beim Zusammenkochen dieser einmalig abgerundete Geschmack zustande kommt.

In der Tabelle auf der folgenden Seite sind die besten Speisepilze in eine Ordnung gebracht, aus der die optimale Verwertbarkeit abzulesen ist. Die Bezeichnung I – VI, die Sie auch bei einzelnen Rezepten wiederfinden, ist also keine Klassifizierung nach Qualität, sondern ein Hinweis, welche Pilze für welche Gerichte besonders zu empfehlen sind.

Vor dem Kochen zu lesen

Aroma- und Geschmackstabelle

I. Beste Aromapilze, angenehm zarte Konsistenz, nicht schleimig kochend, für erlesene Gerichte geeignet:

Anischampignon
Speisemorchel
Ziegenfußporling
Märzellerling
Krause Glucke
Zigeuner
Semmelbrauner
   Schleimkopf
Wieseltäubling
Grüngefelderter
   Täubling
Schwarzfaseriger
   Ritterling

II. Gute Aromapilze:

Stockschwämmchen
Graublättriger
   Schwefelkopf
Kuhmaul
verschiedene
   Champignons
Rotkappe
Pfifferling
Trompetenpfifferling
Hallimasch
Perlpilz
Nelkenschwindling
Austernseitling
Grünling
Violetter Ritterling
Lilastieliger Ritterling
Schildrötling
Schlehenrötling
Geselliger Rasling
Schweinsohr
Frühlingsweich-
   ritterling

III. Gute Aromapilze, etwas schleimig kochend:

Steinpilz
Marone
Butterpilz
Flockenstieliger
   Hexenpilz
Frostschneckling
verschiedene
   Röhrlinge

IV. Mischpilze, Arten mit zuviel oder wenig Aroma, fest oder weich kochend. Verbessert wird die Mischung, wenn Pilze der Gruppen I, II und III zugesetzt werden:

verschiedene
   Täublinge
Erdritterling
Mairitterling
Anistrichterling
Korallen
Ziegenlippe
Sandröhrling
Kuhröhrling
Rotfußröhrling
Goldröhrling
Birkenpilz
Scheidenstreifling
Weißer Rasling
Mönchskopf
Semmelstoppelpilz
Schafporling
Mehlräsling
Grünspanträuschling
Tränender Saumpilz
Schopftintling
Faltentintling
Glimmertintling
Rehbrauner Dachpilz
Grauer Wulstling
Samtfußrübling
Waldfreundrübling
Butterrübling
Rötlicher Lack-
   trichterling
Violetter Lack-
   trichterling
Breitblättriger Holz-
   ritterling
Rötlicher Holz-
   ritterling
Nebelkappe
Pappelritterling
Seidiger Ritterling
verschiedene
   Schnecklinge,
   Ellerlinge,
   Saftlinge

V. Pilze für Spezialzubereitung:

Pfeffermilchling
Milchbrätling
Blutreizker
Parasolpilz
Boviste
Schwefelporling
Schuppiger Porling
Rotbrauner Milchling
verschiedene
   Becherlinge
verschiedene
   Öhrlinge
Rötlicher Gallert-
   trichter

VI. Würzpilze zum Trocknen:

Knoblauch-
   schwindling
Herbsttrompete
Morcheln
Nelkenschwindling
Bruchreizker
Speitäubling

Ein Grundrezept – viele Varianten

Pilz-Grundrezept

80 g Bratfett (Öl, Butter, Margarine oder fetter Speck)
2 Zwiebeln · 800 g Pilze
1 gestrichener Teel. Salz
1 gute Prise Pfeffer · 1 Eßl. frische Butter

Bei Verwendung von Speck diesen in kleine Würfel schneiden. Die Zwiebeln schälen und ebenfalls würfeln. Die Speckwürfel in der Pfanne hellbraun braten, sonst das Bratfett erhitzen. Die gewürfelten Zwiebeln darin glasig braten. Die vorbereiteten, fein aufgeschnittenen Pilze dazugeben und bei großer Hitze den austretenden Saft unter häufigem Umrühren in etwa 10 Minuten verschmoren lassen. Mit dem Salz und dem Pfeffer abschmekken. Die Hitze abschalten, die frische Butter dazugeben und unterheben.

Internationale Variationen aus der französischen Küche:

... **au porto** – mit Portwein
... **à la crème** – mit Sahne
... **aux fines herbes** – mit gehackten Kräutern, vorwiegend Petersilie
... **aux truffes** – mit rohen Trüffelscheibchen
... **aux croûtons** – mit oder auf geröstetem Weißbrot
... **à la provençale** – mit zerdrücktem Knoblauch
... **à l'italienne** – mit reichlich Olivenöl
... **à la bordelaise** – mit gehackten Schalotten
... **au jambon** – mit Schinken
... **à la sévillane** – mit rohen Schinkenwürfeln und trockenem Sherry
... **grillés** – mit reichlich Öl geröstet.

Gefüllte Zwiebeln

4 Riesenzwiebeln oder 8 große Zwiebeln
1 Tasse Wasser · ½ Teel. Salz
500 g Pilze (I, II, III, IV) nach Grundrezept nebenstehend
3 gestr. Eßl. geriebener Käse · 1 Eßl. Butter

Von den Zwiebeln einen Deckel abschneiden und sie mit dem Wasser 5 Minuten dämpfen. Danach die inneren Schichten herausnehmen. Die so vorbereiteten Zwiebelformen leicht salzen und mit den geschmorten Pilzen füllen. Dick mit dem geriebenen Käse bestreuen und mit Butterflöckchen belegen. Im vorgeheizten Backofen bei 250 Grad bis zum Anbräunen, etwa 10 Minuten, überbacken.

Auf diese Art zubereitet dienen die gefüllten Zwiebeln als Vor- oder Zwischengericht oder als Beilage zu Fleisch.

Sollen sie eine Hauptmahlzeit ergeben und zu Reis oder Kartoffelpüree gegessen werden, dann setzt man die Zwiebeln nach dem Füllen in eine Sauce und läßt sie im geschlossenen Topf 15 Minuten ziehen.

Außer der nachfolgenden Zwiebelsauce würden auch eine Tomaten- oder Rotweinsauce dazu passen.

Zwiebelsauce

Zwiebelreste und Kochsud des vorangegangenen Rezepts
1 Eßl. Butter · 1 gute Prise Salz
1 Prise Pfeffer · 1 Zweiglein Thymian
5 Nadeln Rosmarin · 1 gestr. Eßl. Mehl
½ Tasse Milch oder Dosenmilch

Ein Grundrezept – viele Varianten

Die ausgelösten inneren Zwiebelteile und Deckel grob zerschneiden, in dem Zwiebelkochsud mit der Butter, dem Salz, dem Pfeffer, dem Thymianzweig und dem Rosmarin 10–15 Minuten bei milder Hitze kochen. Die Masse durch ein Sieb streichen. Das Mehl in der Milch oder der Dosenmilch verquirlen. Die Sauce damit binden.

Pilz-Nierchen

4 Schweinenieren · 2 Eßl. Öl
½ Teel. Salz · 1 gute Prise Pfeffer
400 g Pilze (I, II, III, IV) nach Grundrezept Seite 105
½ Tasse Sahne

Die Schweinenieren 30 Minuten wässern, abtrocknen und in ganz dünne Scheibchen schneiden. In der Pfanne das Öl erhitzen, das Fleisch hineingeben und unter Wenden 6–8 Minuten durchbraten, salzen, pfeffern, herausnehmen und warm stellen.

Im Bratsatz die Pilze nach dem Grundrezept zubereiten. Die fertigen Nieren daruntermischen. Mit der Sahne verfeinern.

Als Beilage schmeckt Kartoffelpüree.

Pilzauflauf

500 g Pilze (I, II, IV) nach Grundrezept Seite 105
etwas Butter zum Fetten der Form
3 Eier · 1 Tasse saure Sahne
2 gestrichene Eßl. Semmelbrösel
etwas Salz · 1 Eßl. gehackte Petersilie

Die nach dem Grundrezept zubereiteten Pilze in eine gefettete Auflaufform füllen. Die Eigelbe mit der sauren Sahne, den Semmelbröseln, etwas Salz und der gehackten Petersilie gut verrühren. Die Eiweiße steif schlagen. Den Eischnee unter die Eigelbmischung ziehen, auf die Pilze gießen und leicht unterheben. Im vorgeheizten Backofen in etwa 45–60 Minuten braun backen.

Variationen:

… **milanese** – Die Hälfte der Pilze durch gekochte Makkaroni ersetzen. Den Auflauf vor dem Backen mit geriebenem Käse überstreuen.

… **au jambon** – Die Pilze mit gekochtem Reis und feinen Streifen von gekochtem Schinken vermischen.

Bratwurstpfanne

2 Eßl. Öl · 4 gebrühte Bratwürste
500 g Pilze (I, II, III, IV) nach Grundrezept Seite 105

In einer großen Pfanne das Öl erhitzen und die Bratwürste ringsum braun braten, dann an den Rand der Pfanne schieben. Im Bratsatz die Pilze nach dem Grundrezept zubereiten oder am Vortag gegarte darin durchbraten.

Als Beilage paßt Kartoffelpüree oder Bauernbrot.

Ein Grundrezept – viele Varianten

Bouletten Diana

1 trockenes Brötchen · 1 Tasse Milch
1 Zwiebel
400 g gemischtes Hackfleisch
½ Teel. Salz · 1 gute Prise Pfeffer
1 Ei
Curry, Paprikapulver, Knoblauch, Senf nach Geschmack,
2 Eßl. Bratfett (Öl oder Margarine)
400 g Pilze (I, II, III, IV) nach Grundrezept Seite 105
1 Eßl. Tomatenketchup
1 Eßl. Johannisbeergelee
Früchte nach Wahl (Pfirsiche, Preiselbeeren, Ingwer, Kirschen, Birnen) aus der Dose

Das Brötchen in der Milch einweichen. Die Zwiebel schälen und kleinwürfeln. Das Hackfleisch mit dem Salz, dem Pfeffer, dem Ei, dem gut ausgedrückten Brötchen, der kleingewürfelten Zwiebel und den Gewürzen nach Wahl gut mischen und mit nassen Händen Bouletten daraus formen. Das Bratfett in der Pfanne erhitzen. Die Bouletten darin von beiden Seiten bei mittlerer Hitze braun braten, herausnehmen und warm stellen.

Im Bratsatz die Pilze nach Grundrezept zubereiten, mit dem Tomatenketchup und dem Johannisbeergelee 10 Minuten schmoren. Die gewählten Früchte erwärmen und dazu servieren.

Als Beilage sind Kartoffelpüree oder Kroketten zu empfehlen.

Pilze auf Bauernbrot, mit Käse überbacken

4 große Scheiben Bauernbrot
500 g Pilze (I, II, III, IV) nach Grundrezept Seite 105
4 Scheiben Käse (zum Überbacken geeignet)
1 Prise Rosenpaprikapulver

Die Brotscheiben einzeln auf feuerfeste Teller legen. Die heißen, nach dem Grundrezept zubereiteten Pilze (oder aufgewärmte Pilze vom Vortag) daraufhäufen. Je mit 1 Scheibe geeignetem Käse (Emmentaler, Scheibletten) bedecken und im vorgeheizten Backofen bei 250 Grad etwa 5 Minuten überbacken, bis der Käse zerläuft. Mit etwas Rosenpaprika bestreuen.

Dazu paßt ein roter Landwein.

Überraschungshackbraten

250 g Pilze (I, II, III, IV) nach Grundrezept Seite 105
1 gestrichener Eßl. Semmelbrösel
1 trockenes Brötchen
1 Tasse Milch · 1 Zwiebel
500 g gemischtes Hackfleisch · 1 Ei
1 gestrichener Teel. Salz · 1 Prise Pfeffer
1 Eßl. beliebiges Bratfett
etwas Wasser oder Fleischbrühe

Die Pilze nach dem Grundrezept zubereiten. Den Saft verschmoren lassen und nach dem Abschalten der Hitze die Semmelbrösel unterrühren.

Das Brötchen in der Milch einweichen.

Ein Grundrezept – viele Varianten

Die Zwiebel schälen und feinwürfeln. Das Hackfleisch mit dem Ei, dem gut ausgedrückten Brötchen, der feingewürfelten Zwiebel, dem Salz und dem Pfeffer gut durchkneten. Den Fleischteig zu einem Oval flach ausbreiten und der Länge nach die Pilzmasse als dicken Streifen daraufegen. Die langen Seiten vom Hackfleisch überschlagen und das ganze zum Braten formen.

Im Bratentopf oder in der Pfanne das Fett erhitzen, den Braten von allen Seiten kurz anbräunen und nach Zugabe von etwas Flüssigkeit (Wasser oder Fleischbrühe) etwa 1½ Stunden garen. Der Braten gelingt auch im Römertopf oder in Alufolie gewickelt im Backofen. Bei Bedarf den Bratensud zur Sauce binden.

Jäger-Knödel

6 trockene Brötchen oder Weißbrot oder entsprechend fertiges Knödelbrot
¼ l Milch · 30 g fetter Speck
1 gestrichener Teel. Salz · 1 Ei
1 Sträußchen frische oder 1 Eßl. getrocknete Kräuter
eventuell Semmelbrösel · 1½–2 l Wasser
500 g Pilze (I, II, III, IV) nach Grundrezept Seite 105
1 Eßl. Tomatenketchup
1 Glas Madeira oder Burgunder
250 g durchwachsener Speck
200 g Preiselbeeren aus dem Glas oder aus der Dose

Das trockene Brot zerkleinern, mit der kochenden Milch übergießen und zugedeckt weichen lassen. Den fetten Speck würfeln und ausbraten. Das Brot mit ½ Teelöffel Salz, dem Ei, dem ausgebratenen Speck und den gehackten Kräutern gut durcharbeiten. Eventuell mit Semmelbröseln festigen. Mit nassen Händen Knödel formen. Das Wasser mit ½ Teelöffel Salz zum Kochen bringen. Die Knödel im anfangs sprudelnden Wasser 15 Minuten ziehen lassen.

Die Pilze nach dem Grundrezept bereiten, mit dem Tomatenketchup und dem Wein würzen. Den durchwachsenen Speck in feine Scheiben schneiden, in der Pfanne knusprig braten und auf die fertigen Pilze geben. Pilze und Preiselbeeren zu den Knödeln servieren.

Bei sehr hungrigen Jägern kann eine kleine Rehkeule »als Beilage« nicht schaden.

Schmackhafte Gerichte mit Pilz-Fleisch

Pilz-Fleisch (als Rezeptgrundlage)

2 Zwiebeln · 400 g Pilze (I, II, III, IV)
400 g gemischtes Hackfleisch · 1 Ei
1 gestr. Teel. Salz · 1 große Prise Pfeffer
Semmelbrösel nach Bedarf

Die Zwiebeln schälen und feinwürfeln. Die vorbereiteten Pilze gut ausdrücken, damit sie möglichst wenig Flüssigkeit enthalten, dann feinhacken und mit dem Hackfleisch, dem Ei, dem Salz, dem Pfeffer und den feingewürfelten Zwiebeln vermischen. Wenn die Masse zu weich ist, ein geformter Kloß zum Beispiel zusammenfällt, sie durch Zugabe von Semmelbröseln festigen.

Aus dieser Pilz-Fleisch-Masse sind die folgenden Rezepte zu bereiten.

Jäger-Braten

2–3 Eßl. Bratfett (Öl, Margarine oder Speckfett)
800 g Pilz-Fleisch, Rezept oben
½ Tasse Wasser · 1 Zwiebel
20 g fetter Speck · 3 Pfefferkörner
2 Pimentkörner · ½ Lorbeerblatt
1 Prise Salz · 1 gestrichener Eßl. Mehl
½ Tasse Milch · 1 kleines Glas Madeira

Das Bratfett im Schmortopf erhitzen. Die zum Braten geformte Pilz-Fleisch-Masse einlegen und anbräunen lassen. Da der Braten zum Wenden zu locker ist, wird er mit dem heißen Fett mehrmals beschöpft.

Das Wasser, die geschälte und grob zerschnittene Zwiebel, den gewürfelten Speck, die Pfeffer- und Pimentkörner, das halbe Lorbeerblatt und das Salz zufügen und den Braten etwa 1 Stunde schmoren oder im Backofen garen. Das Mehl in der Milch verquirlen und die Bratflüssigkeit damit binden. Mit dem Madeira abrunden.

Bouletten Waidmannsvesper

2 Eßl. Bratfett (Öl oder Margarine)
800 g Pilz-Fleisch, Rezept nebenstehend
2 gestrichene Eßl. Mehl
Für eine Sauce: 1 gestr. Eßl. Mehl
½ Tasse Wasser oder Fleischbrühe
1 Prise Salz · 1 Prise Pfeffer
1 gute Prise Streuwürze · 2 Eßl. Sahne

In der Pfanne das Bratfett erhitzen. Aus der Pilz-Fleisch-Masse mit nassen Händen 8 Bouletten formen, in dem Mehl wenden und von beiden Seiten braun braten.

Ist Sauce erwünscht, das Mehl in dem Bratsatz bräunen. Mit dem Wasser oder der Fleischbrühe nach und nach gut verrühren. Mit dem Salz, dem Pfeffer und der Streuwürze abschmecken und mit der Sahne verfeinern.

Klopse Königsberger Art

800 g Pilz-Fleisch, Rezept nebenstehend
½ l Wasser · ½ Teel. Salz · 1 Zwiebel
1 Delikateßgurke · 1 Eßl. Butter
5 Pfefferkörner · 1 Lorbeerblatt
1 Eßl. Essig · 1 gestrichener Teel. Zucker
2 gestrichene Eßl. Mehl
1 Röhrchen Kapern · 1 Eigelb

Schmackhafte Gerichte mit Pilz-Fleisch

Aus der Pilz-Fleisch-Masse 12 Klopse formen. In einem weiten Topf das Wasser mit dem Salz zum Kochen bringen, die Klopse darin etwa 15 Minuten garziehen lassen, dann herausheben.

Die Zwiebel schälen und kleinwürfeln, die Gurke hacken. Zwiebel und Gurke mit der Butter, den Pfefferkörnern, dem Lorbeerblatt, dem Essig und dem Zucker in dem Sud 10 Minuten bei milder Hitze kochen lassen. Dann das Mehl in etwas Wasser verquirlen und den Sud damit zur Sauce andicken. Die Kapern kurz darin ziehen lassen und mit dem Eigelb legieren. Die Klopse wieder hineingeben und aufwärmen.

Als Beilage passen Salzkartoffeln.

Balkan-Fleisch

2 Knoblauchzehen
800 g Pilz-Fleisch, Rezept Seite 109
½ Teel. Paprikapulver · 3 Eßl. Öl

Die Knoblauchzehen schälen, hacken oder zerdrücken. Das Pilz-Fleisch zusätzlich mit dem Knoblauch und dem Paprika gut mischen und zu fingergroßen Röllchen formen. In der Pfanne das Öl erhitzen und die Röllchen von allen Seiten braun braten.

Dieses Fleisch kann auch mit Öl bepinselt und auf dem Holzkohlengrill zubereitet werden.

Dazu gibt es Duveč-Reis (Reis, zusammengekocht mit Streifen von Paprikaschoten, Tomatenstücken oder Tomatenketchup, gewürfelter grüner Gurke, gewürzt mit Salz, Curry und Paprikapulver).

Krautwickel

4–8 große Weißkrautblätter (Weißkohl)
½ Teel. Salz · 1 gute Prise Pfeffer
800 g Pilz-Fleisch, Rezept Seite 109
½ Teel. Kümmel · 2 Eßl. Öl · 2 Eßl. Milch
3 gestr. Eßl. Mehl · ½ Tasse Fleischbrühe

Die Weißkrautblätter brühen, den Strunk herausschneiden, die Blätter salzen und pfeffern. Das Pilz-Fleisch mit dem Kümmel mischen, die Masse in 4 Portionen aufteilen und jeweils mit Krautblättern zu Rouladen umwickeln. Mit Faden zusammenhalten. Im Schmortopf das Öl erhitzen. Die Krautrouladen in 2 Eßlöffeln Mehl wenden und im Öl von allen Seiten anbräunen. Nach Zugießen der Fleischbrühe etwa 1 Stunde bei milder Hitze kochen. Das restliche Mehl in der Milch verquirlen und den Kochsud zur Sauce andicken. Nach Geschmack salzen, pfeffern.

Pilzschnitzel hollandaise

800 g Pilz-Fleisch, Rezept Seite 109
2 Eier · 1 Tasse geriebener Käse
2 Eßl. gehackte Kräuter (Petersilie, Dill, Sellerieherzblättchen)
2 Eßl. beliebiges Bratfett

Das Pilz-Fleisch zu 8 flachen Fleischkuchen formen, dann in dem verquirlten Ei, dem geriebenen Käse und den gehackten Kräutern gut wenden. Das Bratfett in der Pfanne erhitzen und die »Schnitzel« bei mittlerer Hitze von beiden Seiten mittelbraun braten.

Rund um den Steinpilz

Gefüllte Steinpilze I

Bild Seite 129, Bild Zutaten Einbandrückseite

*8 junge Steinpilze · Salz · 1 Eßl. Butter
1 gute Prise Pfeffer
1 Sträußchen Kräuter (Petersilie, Dill, Schnittlauch)
2 Knoblauchzehen
200 g gekochter Schinken · 1 Tomate*

Die Steinpilzhüte auf der Röhrenseite bis auf 1 cm Formrand aushöhlen, leicht salzen und auf ein Backblech oder Alufolie setzen. Das ausgelöste Pilzfleisch gut hakken, mit der Butter, ½ Teelöffel Salz, dem Pfeffer, den gehackten Kräutern und dem geschälten, gehackten oder zerdrückten Knoblauch 5 Minuten dünsten.

Den gekochten Schinken in feine Streifen schneiden und daruntermischen. Die Steinpilzhüte damit füllen, im vorgeheizten Backofen bei 200 Grad etwa 10 Minuten überbacken. Mit Tomate garnieren.

Gefüllte Steinpilze II

Bild Seite 129, Bild Zutaten Einbandrückseite

*8 junge Steinpilze · ½ Teel. Salz
1 Knoblauchzehe · 1 Eßl. Butter
200 g Emmentaler Käse*

Die Pilzhüte auf der Röhrenseite bis auf 1 cm Formrand aushöhlen, leicht salzen und auf ein Backblech oder Alufolie setzen. Das ausgelöste Pilzfleisch grob hakken und mit dem geschälten, gehackten oder zerdrückten Knoblauch, etwas Salz und der Butter 5 Minuten dünsten.

Den Käse in feine Streifen oder Würfel schneiden und daruntermischen. Die Masse in die Pilzhüte füllen und im vorgeheizten Backofen bei 200 Grad etwa 10 Minuten überbacken.

Steinpilze mit Schinken- oder Käsefüllung schmecken besonders gut, wenn sie mit etwas Kräuter-Mayonnaise auf in Butter gebratene Toastscheiben gesetzt werden (Bild Seite 129).

Steinpilze mit Kräutersauce aux croûtons

*3 Eßl. Butter · 1 gestrichener Eßl. Mehl
8 junge Steinpilze · Salz
½ Tasse Milch oder Dosenmilch
1 Sträußchen Kräuter (Petersilie, Dill, Sellerieherzblättchen)
8 Scheiben Toastbrot · 1 Eigelb*

Zuerst die Sauce bereiten. 1 Eßlöffel Butter im Topf erhitzen, mit dem Mehl gut durchquellen lassen. 4 feingehackte Steinpilzstiele kurz darin dünsten. (Die restlichen Stiele werden nicht gebraucht). 1 Prise Salz und nach und nach die Milch oder Dosenmilch unter ständigem Rühren dazugeben. Die feingehackten Kräuter untermischen und 10 Minuten ziehen lassen. Die Sauce muß dicklich sein und kann, wenn sie das noch nicht ist, bis zu diesem Grad eingekocht werden. Das Eigelb unterziehen und die Sauce warm stellen.

8 runde Scheibchen Toast, etwas größer

Rund um den Steinpilz

als die Pilzhüte, ausstechen, in der Pfanne mit 2 Eßlöffeln Butter von beiden Seiten goldbraun braten und auf eine Platte legen. In die heiße Pfanne die leicht gesalzenen Pilzhüte geben und von jeder Seite etwa 2 Minuten garen, auf die Toastscheiben setzen und mit der Kräutersauce übergießen.

Steinpilze mit Knoblauchbutter

3–4 Knoblauchzehen · 100 g Butter
1 Sträußchen Kräuter (Petersilie, Dill)
1 Eßl. Öl · ½ Teel. Salz
8 junge Steinpilzhüte

Zuerst die Knoblauchbutter bereiten. Die Knoblauchzehen schälen, hacken oder zerdrücken. Die Butter mit dem zerdrückten Knoblauch und den feingehackten Kräutern gut verkneten und kühl stellen.

Das Öl in der Pfanne erhitzen und die leicht gesalzenen Pilzhüte von jeder Seite, beginnend mit der Röhrenseite, 2 Minuten braten. Auf eine vorgewärmte Platte setzen und je mit einer Portion Kräuterbutter belegen, die bald zerläuft.

Roher Steinpilzsalat

250 g junge Steinpilze
½ Tasse Mayonnaise · 1 Teel. Zitronensaft
1 gute Prise Salz · ½ Teel. Zucker
2 Eßl. Sahne · 1 Eigelb

Die vorbereiteten Pilze sehr fein aufschneiden. Aus der Mayonnaise, dem Zitronensaft, dem Salz, dem Zucker, der Sahne und dem Eigelb eine Sauce rühren und die Pilze unterheben. Einige Stunden ziehen lassen. Dieser Salat läßt sich auch mit rohen Champignons bereiten.

Jägerfrühstück Bild Seite 119

150 g durchwachsener Speck · 1 Zwiebel
500 g Steinpilze · 1 gestrichener Teel. Salz
1 gute Prise Pfeffer · 8 Eier

Den Speck in feine Scheiben schneiden und in der Pfanne hellbraun rösten. Die Zwiebel schälen, würfeln und in dem Speckfett glasig braten. Die vorbereiteten Steinpilze blättrig aufschneiden, dazugeben und mit ⅔ des Salzes und dem Pfeffer 10 Minuten schmoren. Die Eier mit dem restlichen Salz verquirlen, darübergießen, die fester werdende Eimasse leicht hin- und herschieben und stocken lassen.

Dazu Brot oder Bratkartoffeln und grünen Salat servieren.

Dieses Gericht kann auch mit Pfifferlingen bereitet werden (Bild Seite 119).

Steinpilzspießchen

100 g durchwachsener Speck · 4 Zwiebeln
100 g Kalbsleber · 4 Tomaten
250 g junge Steinpilze · 2 Paprikaschoten
½ Teel. Salz · 1 gute Prise Pfeffer
1 Eßl. Öl

Auf 4 lange Spieße abwechselnd kleine

Rund um den Steinpilz

Scheiben vom Speck, Zwiebelstücke, mundgerechte Stücke der Leber, der Tomaten, der Pilze und der Paprikaschoten aufstecken. Alles gleichmäßig salzen und pfeffern und im heißen Öl in der Pfanne von allen Seiten braten oder mit Öl bepinselt grillen.

Litauisches Kraut

*1 Zwiebel · 1 Eßl. Schweineschmalz
500 g Steinpilze · 500 g Sauerkraut
1 Eßl. Essig · 1 gestrichener Eßl. Zucker
½ Tasse Wasser · Salz nach Geschmack*

Die Zwiebel schälen und feinwürfeln. Das Schmalz im Topf erhitzen und die feingewürfelte Zwiebel darin glasig braten. Die vorbereiteten Pilze fein aufschneiden. Das Sauerkraut, die Steinpilze, den Essig, den Zucker und bei Bedarf Wasser dazugeben und alles 1 Stunde bei milder Hitze kochen. Nach Geschmack salzen.

Dazu gibt es geräucherte Würstchen, aber auch Rauchfleisch, gekocht oder gebraten.

Jäger-Schmarren

*4 Eier · 2 Tassen Mehl
1½ Tassen Sauermilch · ½ Teel. Salz
400 g Steinpilze (oder I)
½ Teel. Salz oder Zwiebelsalz
1 Prise Pfeffer · 100 g gekochter Schinken
4 Eßl. Bratfett (Butter, Margarine, Öl oder Speckfett)*

Aus den Eiern, dem Mehl, der Sauermilch und dem Salz einen Eierkuchenteig rühren.

Die vorbereiteten Pilze fein aufschneiden, in einer Schüssel mit dem Salz oder Zwiebelsalz und dem Pfeffer gut vermischen und etwas ziehen lassen. Den Schinken in Streifen schneiden, daruntermischen und alles unter den Teig heben.

Pro Person 1 Eßl. Fett in der Pfanne erhitzen, eine entsprechende Menge des Teiges darin bei mittlerer Hitze stocken lassen, zerrupfen und wenden, bis alles gar ist.

Dazu paßt grüner Salat, aber auch Tomaten-, Gurken-, Sellerie- oder Krautsalat.

Steinpilze in Öl, italienische Art

*500 g junge Steinpilze · etwa ¼ l Essig
½ Teel. Salz · 6–8 Nelken
einige Knoblauchzehen · ¼ l Olivenöl*

Die vorbereiteten Pilze in walnußgroße Stücke schneiden, sehr junge unzerteilt lassen. Den Essig mit dem Salz mischen. Die Pilze, mit dieser Flüssigkeit bedeckt, in feuerfestem Porzellan- oder Glastopf 20 Minuten bei milder Hitze kochen. Auf ein Sieb zum Abtropfen schütten. Für einige Stunden auf einem Leinentuch ausgebreitet trocknen.

Dann die Pilze in ein Glas mit Deckel (Weckglas) schichten, wobei zwischen jede Lage 1–2 Nelken und etwas zerdrückter Knoblauch kommen. Zum Schluß so viel Öl auffüllen, daß alles gut bedeckt ist. Kühl aufbewahren.

Eine Beilage zu kalten Platten.

Einzelne Pilzarten, raffiniert zubereitet

Morchelragout
Bild Seite 120

½ l Wasser · 1 gestrichener Teel. Salz
500 g Frikasseefleisch vom Kalb
etwa 500 g Morcheln · 2 Eßl. Butter
2 gestrichene Eßl. Mehl · ½ Tasse Sahne
2 Eigelbe · 4 Blätterteigpasteten

Das Wasser mit ½ Teelöffel Salz zum Kochen bringen und das Fleisch darin etwa 1 Stunde garen. Dann das Fleisch herausheben und in Würfel schneiden. Die gut gewaschenen Morcheln grob zerschneiden, bei milder Hitze 10 Minuten in dem Fleischsud kochen lassen und herausnehmen.

In der Pfanne aus der Butter und dem Mehl eine helle Schwitze bereiten, mit dem Sud zur Sauce auffüllen und mit dem restlichen Salz nach Geschmack würzen. Die Fleischwürfel und die Morchelstückchen 5–10 Minuten in der Sauce ziehen lassen. Kurz vor dem Anrichten mit den in der Sahne verrührten Eigelben legieren. In die Pasteten füllen und im heißen Ofen 5 Minuten gratinieren.

Morcheln paniert à la comtesse

250 g Morcheln · 1 Tasse Wasser
etwas Salz · ½ Tasse Mehl · 1 Ei
½ Tasse Semmelbrösel
2 Eßl. Bratfett (Butter oder Margarine)

Die gut gewaschenen Morcheln unzerteilt oder einmal der Länge nach aufgeschnitten in etwas Wasser 2 Minuten kochen, herausheben und abtropfen lassen. Die Pilze leicht salzen, in dem Mehl gut wälzen, in dem verquirlten Ei und den Semmelbröseln wenden, dann in dem Fett in der Pfanne goldbraun braten.

Diese Morcheln sind eine sehr feine Beilage zu Kalbfleischgerichten.

Morcheln crème au gratin

250 g Morcheln · 1 Eßl. Butter · Salz
½ Zitrone · 2 Eier · 1 Eßl. geriebener Käse
1 Eßl. gehackte Petersilie
2 Eßl. saure Sahne

Die gut gewaschenen Morcheln grob zerteilen, mit der Butter und etwas Salz 5 Minuten schmoren, mit Zitronensaft beträufeln und in vier feuerfeste Förmchen füllen. Die Eier mit dem geriebenen Käse, etwas Salz, der Petersilie und der sauren Sahne verrühren und über die Pilze geben. Im vorgeheizten Backofen bei 200 Grad goldbraun überbacken.

Morchelpudding

250 g Bandnudeln
1 gestrichener Teel. Salz · 1 l Wasser
250 g gekochter Schinken · 500 g Morcheln
3 Eßl. Butter · 3 Eier
2 Eßl. geriebener Käse

Die Nudeln im Salzwasser garen und abtropfen lassen. Den Schinken hacken und unter die Nudeln mischen.

Einzelne Pilzarten, raffiniert zubereitet

Die vorbereiteten Morcheln grob zerschneiden, mit 1 Eßlöffel Butter und etwas Salz 5 Minuten schmoren. 2 Eßlöffel Butter, die Eigelbe und den geriebenen Käse gut verrühren. Die Eiweiße zu Schnee schlagen und unterziehen.

In eine gefettete Puddingform lagenweise die Schinkennudeln, die Morcheln und die Eimasse einfüllen und 1 Stunde im Wasserbad kochen.

Falls Sauce erwünscht ist, eignet sich die Kräutersauce auf Seite 121.

Karpfen à la grand'mère

Etwa 1600 g Karpfen · ½ Teel. Salz
½ l Malzbier · 1 Zwiebel · 1 Lorbeerblatt
6 Pfefferkörner · 2 Pimentkörner
1 Eßl. Essig · 1 Eßl. Butter
1 Tasse saure Sahne · 250 g Morcheln
50 g Pfefferkuchen · eventuell etwas Mehl

Den vorbereiteten Karpfen in vier Portionsstücke schneiden und salzen. In einem geräumigen Topf das Malzbier mit der geschälten, grob zerteilten Zwiebel, dem Lorbeerblatt, den Pfeffer- und Pimentkörnern, dem Essig, der Butter und der sauren Sahne 15 Minuten kochen.

Dann die gewaschenen, unzerteilten Morcheln und die Karpfenstücke einlegen und 20 Minuten ziehen lassen. Den Fisch vorsichtig herausnehmen und warm stellen. Die Sauce mit dem zerbröckelten Pfefferkuchen einkochen, bis sie sämig ist. Wenn nötig, mit etwas Mehl binden.

Als Beilage passen Salzkartoffeln oder Kartoffelpüree.

Morcheln à la sévillane

150 g Schinkenspeck · 1 Zwiebel
1 Eßl. Butter · 500 g Morcheln
½ Teel. Salz · 1 gute Prise Pfeffer
1 Glas Sherry · ½ Tasse Sahne

Den Schinkenspeck feinwürfeln. Die Zwiebel schälen und ebenfalls feinwürfeln. Den Schinkenspeck in der Butter leicht anbraten. Die feingewürfelte Zwiebel, die gut gewaschenen, grob zerteilten Morcheln, das Salz und den Pfeffer dazugeben und 15 Minuten bei milder Hitze kochen. Den Sherry zufügen, einkochen lassen. Dann Hitze abschalten und die Sahne einrühren.

Morcheln in Bierteig

250 g Morcheln · etwas Salz · 1 Ei
1 Tasse Mehl · ½ Tasse Bier
reichlich Fett zum Ausbacken (Fritüre)

Die Morcheln gut waschen, abtropfen lassen und leicht salzen. Aus dem Ei, dem Mehl, dem Bier und etwas Salz einen Teig rühren. Die Morcheln einzeln durchziehen und schwimmend in Fett ausbacken.

Als Zwischengang für Fleischfondue.

Pfifferlinge mit Rührei

600 g Pfifferlinge nach Grundrezept S. 105
½ Tasse Sahne · 1 Eßl. gehackte Petersilie
8 Eier · ½ Teel. Salz
2 Eßl. Butter oder Margarine

Einzelne Pilzarten, raffiniert zubereitet

Die Pfifferlinge nach dem Grundrezept zubereiten, mit der Sahne und der Petersilie verfeinern.

Die Eier mit dem Salz verquirlen. In der Pfanne die Butter oder Margarine erhitzen. Aus den verquirlten Eiern das Rührei bereiten. Mit den Pfifferlingen auf einer großen Platte nebeneinander anrichten.

Als Beilagen passen Bratkartoffeln, Kroketten, Pommes frites oder Brot, dazu grüner Salat, Tomatensalat.

Steak amerikanisch

2 Eßl. Bratfett (Öl oder Kokosfett)
4 Rump- oder Filetsteaks vom Rind
Salz und Pfeffer oder Steakwürze
500 g Austernseitlinge
½ Glas Schattenmorellen, nach Belieben auch Pfirsiche, Ananas oder Birnen aus der Dose
1 Eßl. Butter · 4 Eßl. Mandelscheibchen

Das Bratfett in der Pfanne gut erhitzen, die Steaks wie gewohnt, mit Salz und Pfeffer oder Steakwürze, darin braten, herausnehmen und warm stellen.

Die vorbereiteten, gut ausgedrückten Pilze in feine Streifen schneiden, im verbleibenden Bratsatz 10 Minuten schmoren, bis der Saft verdampft ist, und salzen. Die gewünschten Früchte ohne oder mit wenig Saft zu den Pilzen geben, wärmen und alles über die Steaks verteilen. In Butter gebräunte Mandelscheibchen als Krönung.

Flambierfans bietet sich die Gelegenheit bei diesem Gericht in Aktion zu treten. Legen Sie nach Durchwärmen der Früchte die Steaks in die Pilz-Frucht-Mischung zurück und flambieren Sie mit dem Brandy Ihrer Wahl.

Als Beilage sind Kroketten und zur Ergänzung grüner Salat zu empfehlen.

Butterpilze gebraten

500 g Butterpilze
1 Eßl. Bratfett (Margarine oder Butter)
1 Zwiebel · ½ Teel. Salz · 1 Eßl. Öl
1 Eßl. gehackte Petersilie

Die vorbereiteten Pilze fein aufschneiden. Das Fett in der Pfanne erhitzen. Die Pilze darin schmoren, bis der Saft verdampft ist. Die Zwiebel schälen und feinhacken. Die Pilze salzen. Das Öl und die feingehackte Zwiebel dazugeben und die Pilze weiterbraten, bis sie unter häufigem Wenden hellbraun werden. Zum Schluß die gehackte Petersilie unterheben.

Auf diese Weise gebratene Pilze werden härter und schwerer verdaulich als gedünstete oder kurz geschmorte, so daß sich nur weichfleischige Arten eignen und nur kleine Mengen als Beilage zu Fleisch, Rührei oder Omeletten serviert werden sollten.

Spargelpilze mit Schinken

600 g Schopftintlinge (Spargelpilze)
3 Eßl. Butter · ½ Teel. Salz
½ Tasse Semmelbrösel
4 Scheiben roher Schinken

Einzelne Pilzarten, raffiniert zubereitet

Die vorbereiteten jungen Schopftintlinge von etwa Fingergröße mit 1 Eßlöffel Butter und dem Salz im Topf 3 Minuten kochen, herausheben und auf einer gewärmten Platte anrichten. In der Pfanne die restliche Butter mit den Semmelbröseln bräunen und über die Pilze gießen. Mit dem Schinken anrichten.

Dazu schmecken Petersilienkartoffeln.

Aus dem Kochsud kann auch eine Kräutersauce (Rezept Seite 121) zubereitet werden, die Butterbrösel fallen dann weg. Weitere Variationen wären holländische Sauce oder Remouladensauce.

Goldröhrlingssegen

300 g junge Goldröhrlinge · 300 g Karotten
2 Eßl. Butter · ½ Teel. Salz
1 Eßl. gehackte Petersilie

Die jungen Pilze gut gereinigt, aber unzerteilt, mit den ganzen Karotten, der Butter und dem Salz im Topf 20 Minuten schmoren, dabei unter Umrühren den Saft verdampfen lassen.

Mit der gehackten Petersilie bestreut als Gemüsebeilage zu Fleischgerichten reichen.

Feen-Salat Bild Seite 130

Rötlicher Gallerttrichter je nach Ausbeute etwa die gleiche Menge Pampelmusenfleisch oder frische Ananas
Zucker · in Rum vorgeweichte Rosinen
einzelne blaue Trauben

Bei der Zubereitung dieses extravaganten Rezepts sollten Sie Ihrer Phantasie und Ihrem Geschmack freien Lauf lassen. Es ist nichts falsch zu machen, selbst wenn Sie noch andere passende Zutaten wählen. Die Pilze können roh oder kurz aufgekocht verwendet werden, grob zerteilt oder fein aufgeschnitten. Da der **Rötliche Gallerttrichter** *(Tremiscus helvelloides)* im Pilzteil nicht vertreten ist, ließ ich ihn für die Speisenabbildung recht groß zum besseren Erkennen. Er wird 5–10 cm hoch und ist nicht zu verwechseln mit dem Orangeroten Becherling (Seite 70, 74), der zwar auch eßbar, aber nicht gerade für diese Komposition so speziell geeignet ist.

Die vorbereiteten Pilze nun wahlweise mit Würfeln von Pampelmuse oder Streifen von frischer Ananas mischen und leicht zuckern, damit sich etwas Saft bildet. Die in Rum vorgeweichten Rosinen unterheben und einzelne blaue Trauben dazugeben. Ein paar Stunden zum Durchziehen kühl stellen.

Kann zusätzlich mit gehackten Walnüssen bestreut und auch mit geschlagener Sahne gereicht werden. Kleine Makronen sind die ideale Ergänzung.

Salat von Becherlingen
Bild Seite 130

Etwa 250 g Becherlinge · 1 Eßl. Wasser
1 Zwiebel · 2 Eßl. Essig
1 kleines Lorbeerblatt · 1 gute Prise Salz
1 gestrichener Teel. Zucker
5 Pfefferkörner · 1 Eßl. Öl

Einzelne Pilzarten, raffiniert zubereitet

Jägerfrühstück (Rezept Seite 112) ▷

Becherlinge (Seite 70, 74) gibt es in vielen Farben und Formen. Die mehr gewunden und aufrechter gewachsenen sind Öhrlinge. Alle sind eßbar, wenngleich das Kochwasser vom Kronenbecherling, der innen violett gefärbt ist, weggeschüttet werden sollte. Eßbar ist aber keine Wertbezeichnung. Bei den Becherlingen heißt das, die meisten haben kein eigenes Aroma, so daß man erst etwas aus ihnen machen muß. Mit dem folgenden Rezept bekommen wir dann allerdings für unsere Mühe mit den Mauerblümchen unter den Pilzen auch eine besondere Delikatesse. Außer zu Salat können Becherlinge als Einlage für chinesische Gerichte (Seite 126, 131) und Pilzsülze (Seite 134) verwendet werden.

Die Becherlinge grob zerteilen, in dem Wasser einmal aufkochen lassen und zum Abtropfen auf ein Sieb geben. Die Zwiebel schälen und in feine Scheiben schneiden. Die Pilze noch warm in eine Schüssel füllen und mit dem Essig, den Zwiebelringen, dem Lorbeerblatt, dem Salz, dem Zucker und den Pfefferkörnern gut mischen. Nach dem Erkalten das Öl unterheben. Der Salat muß einige Stunden kühl gestellt durchziehen.

Dieser pikante, durch seine gallertige Konsistenz extravagante Gaumenkitzel ist das I-Tüpfelchen zu kaltem Braten und zu Aufschnittplatten.

Cocktail d'anchois
Abwandlung des Gerichtes mit Anchovis oder feinen Streifen von Matjeshering und einer kleinen Sauce aus Mayonnaise mit etwas geriebenem Meerrettich.

Junge Zigeuner im Schlafrock

1 Zwiebel · 3 Eßl. Butter
250 g junge Zigeuner (oder I, II)
Salz · 1 Prise Pfeffer · 400 g Mehl
100 g gekochter Schinken · 2 Eier
1 Eßl. Öl · 2 Eßl. Wasser · 1 Eiweiß

Die Zwiebel schälen und feinhacken. In der Pfanne 1 Eßlöffel Butter erhitzen und die Zwiebel darin anbraten. Die vorbereiteten Pilze sehr fein aufschneiden oder hacken, dazugeben, salzen und pfeffern und 10 Minuten schmoren. Den gekochten Schinken hacken und untermischen.

Das Mehl in eine große Schüssel oder auf den Arbeitstisch schütten, eine Mulde hineindrücken, die Eier, etwas Salz, das Öl und das Wasser hineingeben und von der Mitte aus alles zu einem elastischen Teig verkneten. Den Teig etwa 2 Stunden ruhen lassen, dann dünn ausrollen, in Vierecke von etwa 10×10 cm schneiden und auf einer Hälfte mit einem Häufchen Pilzmasse belegen. Die Ränder mit Eiweiß bepinseln, die freie Teighälfte überklappen und andrücken. Die Teigtäschchen in siedendem Salzwasser 10 Minuten leicht kochen. Herausnehmen. Mit heißer Butter beträufeln.

Violetter Ritterling als Rotkohl

500 g Violette Ritterlinge · 1 Zwiebel
1 Apfel · 1 Eßl. Schweineschmalz
2 Eßl. Essig · 1 gestrichener Eßl. Zucker
1 Tasse roter Fruchtsaft (Johannisbeer, Heidelbeer, Holunder)
½ Teel. Salz · 3 Nelken · evtl. Speisestärke

Parasol paniert

Morchelragout

Violetter Ritterling mit Kräutersauce

Pilze mit Herz

Einzelne Pilzarten, raffiniert zubereitet

Die vorbereiteten Pilze sehr fein aufschneiden. Die Zwiebel und den Apfel schälen und würfeln. Im Topf das Schmalz erhitzen. Die Zwiebel darin glasig braten. Die Pilze, den Apfel, den Essig, den Zucker, den Saft, das Salz und die Nelken dazugeben und alles 30 Minuten leicht kochen. Überschüssigen Kochsud mit etwas Speisestärke andicken.

Als Gemüse zu Hackbraten oder Bouletten sehr apart.

Violetter Ritterling mit Kräutersauce
Bild Seite 120

800 g Violette Ritterlinge · 1/8 l Wasser
2 Eßl. Butter · 2 gestrichene Eßl. Mehl
1/2 Teel. Salz · 1 Sträußchen Petersilie
1 Sträußchen Dill · 3 Sellerieherzblättchen
nach Belieben weitere Kräuter (Estragon, Kerbel, Liebstöckel)
1/2 Tasse Sahne · 2 Eigelbe

Kleine Pilze ganz lassen, größere fein aufschneiden. In dem Wasser bei milder Hitze 5 Minuten kochen lassen. In der Pfanne aus der Butter und dem Mehl eine helle Schwitze bereiten, mit dem Kochwasser auffüllen und nach Geschmack salzen. Die Sauce zu den Pilzen in den Topf schütten und alles noch etwa 10 Minuten ziehen lassen. Währenddessen die Kräuter feinhacken und 2–3 Minuten mitziehen lassen. In der Sahne die Eigelbe verrühren. Das Gericht vom Herd nehmen und mit der Eisahne legieren.

Reis ist die geeignete Beilage.

Außer Violetten Ritterlingen können auch andere zartaromatische Pilze zur Verwendung kommen wie Lilastielige Ritterlinge, Champignons, junge Rehbraune Dachpilze, Schopftintlinge, Perlpilze.

Parasol paniert Bild Seite 120

4 Parasolpilze · 1/2 Teel. Salz
1 Tasse Mehl · 2 Eier
1 Tasse Semmelbrösel
4 Eßl. Öl, Margarine oder Butter

Für den aufgeschirmten Parasolpilz (Seite 30, 34) empfiehlt sich nur eine einzige Art der Zubereitung: frisch paniert gebraten! Dann ist er allerdings exzellent. Versuchen Sie nicht, diesen Pilz in ein Mischgericht zu bringen – er schmeckt dann nicht. Man kaut hoffnungs- und erfolglos darauf herum, so zäh wird er beim Kochen. Da man ihn weder einwecken noch einfrieren kann – er würde schon durch das Vorkochen zäh –, nimmt man am besten nur so viele Exemplare mit, wie man frisch verzehren kann. Es sind nur die Hüte zu gebrauchen, die Stiele sind holzig-faserig.

Vom frisch aufgeschirmten Parasolpilz, wenn die Lamellen noch weiß sind und nicht rosa oder gar wäßrig-matschig, den Stiel entfernen. Eventuell anhaftende Schmutzteilchen absammeln (nicht waschen!). Die Hüte beidseitig leicht salzen, in Mehl wälzen, dann in den verquirlten Eiern und in den Semmelbröseln gut wenden. In reichlich Fett bei mittlerer Hitze in der Pfanne von beiden Seiten goldbraun braten.

Einzelne Pilzarten, raffiniert zubereitet

Da der Parasolpilz neutral bis nußartig schmeckt, passen alle Beilagen dazu: Süßes wie Früchte, gebackene Banane mit gerösteten Mandelblättchen, Preiselbeeren, Ingwerfrucht, aber auch Herzhaftes wie Käse, Kräuterbutter, Dillsauce, Remoulade, Tomatenketchup, Mangochutney und Scharfes aus China und Ungarn.

Ungarischer Pfefferpilz
Bild Seite 129

12 Hüte von jungen Pfeffermilchlingen
3 Eßl. Kokosfett · 1 gestrichener Teel. Salz
8 Scheiben durchwachsener Speck
4 Zwiebeln
Knoblauch nach Geschmack (2–3 Zehen)
4 Tomaten · 2 Paprikaschoten
1 gestrichener Teel. Rosenpaprikapulver

Bei uns gilt der Pfeffermilchling wegen seiner unerträglich scharfen Milch als ungenießbar. Die Landbewohner ärmerer Gebiete probierten mit ihm, da er dort in Massen vorkommt, so lange neue Möglichkeiten aus, bis ein Rezept herauskam, das diesen Pilz nicht nur eßbar sondern sogleich zu einer Landesspezialität werden ließ. Nachstehend also das köstliche Ergebnis der Bemühungen ungarischer Hirten und Zigeuner.

Die geraden Hüte, ohne sie zu waschen, von Laub oder anhaftenden Humusteilchen säubern. In der Pfanne das Kokosfett rauchend heiß werden lassen, die Pilzhüte von beiden Seiten hellbraun braten, mit ½ Teelöffel Salz würzen und auf einer größeren Platte warm stellen.

Im verbleibenden Fett die Speckscheiben knusprig braten und auf die Pilze häufen.

Inzwischen die Zwiebeln schälen und in Scheiben schneiden. Den Knoblauch schälen und hacken. Die Tomaten in Stücke schneiden. Die Paprikaschoten entkernen und in Streifen schneiden. Nun in der Pfanne im verbliebenen Speckfett die Zwiebeln, den Knoblauch, die Tomaten- und Paprikaschoten 10 Minuten schmoren. Mit dem restlichen Salz und dem Rosenpaprika würzen. (Wer eine polnische Großmutter hatte wie ich, dem wird 1 Teelöffelchen Zucker erst die Krönung der Würze sein.) Das Gemüse nun auch noch auf die Pilze häufen und fertig ist die ungarische Spezialität.

Dazu sollten ganz zünftig derbes Bauernbrot und roter Landwein gereicht werden.

Blutreizker paniert

16–20 Hüte von Blutreizkern
1 gestr. Teel. Salz · Saft von 1 Zitrone
1 Tasse Mehl · 2 Eier
1 Tasse Semmelbrösel
4 Eßl. Bratfett (Butter, Margarine oder Öl)

Die geraden Hüte flach vom Stiel abschneiden, wenn nötig waschen, dann aber auch in einem Leinentuch abtrocknen, salzen, mit Zitronensaft beträufeln und zuerst gut in Mehl wälzen, dann in den verquirlten Eiern und in den Semmelbröseln wenden. In der Pfanne das Bratfett erhitzen und die Pilze bei milder Hitze von beiden Seiten goldbraun braten.

Einzelne Pilzarten, raffiniert zubereitet

Als Beilage Kartoffelpüree und grünen Salat oder Kartoffelsalat reichen. Zur Verfeinerung des Gerichts trägt Kräuterbutter bei.

Erschrecken Sie nicht, wenn nach einem reichlichen Blutreizkergericht Ihr Urin rot gefärbt ist.

Riesenbovist als »Beamtenkotelett«

4 handgroße Scheiben vom jungen Riesenbovist (oder Schwefelporling, Schuppiger Porling)
½ Teel. Salz · 1 gute Prise Pfeffer
½ Teel. Curry · 1 Tasse Mehl · 2 Eier
1 Tasse Semmelbrösel
2 Eßl. Bratfett (Butter, Margarine oder Öl

Die Pilzscheiben etwa 1 cm dick schneiden, die spröde Außenhülle abschälen, die Scheiben nicht waschen. Mit dem Salz, dem Pfeffer und dem Curry bestreuen, dann gut in Mehl wälzen, durch die verquirlten Eier ziehen und mit den Semmelbröseln panieren. Das Bratfett in der Pfanne erhitzen und die panierten Scheiben von beiden Seiten bei mittlerer Hitze goldbraun braten. Dazu passen alle Beilagen wie zu Wiener Schnitzel

Falsches Hirn mit Ei

500 g Riesenbovist · 2 Eßl. Butter
½ Teel. Salz · 1 gute Prise Pfeffer
etwas Curry oder Paprikapulver · 4 Eier

Den Riesenbovist in sehr feine Streifen schneiden. Die Butter in der Pfanne erhitzen, die Pilzstreifen mit dem Salz, dem Pfeffer, dem Curry oder Paprika hinzugeben und 5 Minuten durchbraten. Die Eier verquirlen, salzen und über die Pilzmasse schütten. Zugedeckt 3 Minuten stocken lassen. Auf geröstetem, mit Butter bestrichenem Toast reichen.

Flaschenboviste, in Butter gebraten

400 g Flaschenboviste · 2 Eßl. Butter
½ Teel. Salz

Von Flaschenbovisten oder anderen jungen Weichbovisten (siehe Seite 34, 35), ohne sie zu waschen, die Außenhülle abschälen und die Pilze in feine Scheiben schneiden. Die Butter in der Pfanne erhitzen. Die Pilzscheiben darin 10 Minuten durchbraten, dann salzen. Auf Toast reichen.

Milchbrätlinge

12 Milchbrätlinge
2 Eßl. Bratfett (Öl oder Kokosfett)
1 gestrichener Teel. Salz

Die Pilzhüte flach von den Stielen trennen und säubern, aber nicht waschen. Das Fett in der Pfanne recht heiß werden lassen und die Hüte darin von beiden Seiten goldbraun braten, dann salzen.

Brot dazu essen.

Internationale Pilzspezialitäten

Rouladen aux champignons

4 Scheiben Rouladenfleisch
1 gestrichener Teel. Salz
1 gute Prise Pfeffer · 400 g Pilze (I, II)
2 Zwiebeln · 50 g fetter Speck · 2 Eßl. Öl
½ Tasse Wasser · 1 Stück Speckschwarte
½ Tasse Milch · 1 gestrichener Eßl. Mehl

Die Rouladenscheiben ausbreiten, salzen und pfeffern. Die vorbereiteten Pilze grob hacken. 1 Zwiebel schälen und feinwürfeln. Den fetten Speck feinschneiden. In einer Schüssel die Pilze, die feingewürfelte Zwiebel, den fetten Speck, das Salz und den Pfeffer gut vermischen. Die Masse auf die Rouladen streichen und diese aufrollen. Durch Faden oder Holzstäbchen zusammenhalten.

Das Öl im Bratentopf erhitzen, die Rouladen von allen Seiten bräunen. Dann das Wasser zugießen. Die zweite Zwiebel schälen, grob zerteilen und mit der Speckschwarte zufügen. Alles zugedeckt kochen lassen, bis die Rouladen weich sind. Den Bratensaft mit dem in der Milch verquirlten Mehl andicken und mit Salz und Pfeffer abschmecken.

Salm aux champignons

Nach Art des Drei-Sterne-Restaurants de la Pyramide in Vienne, M. Point

2 Knoblauchzehen
2 Eßl. gehackte Schalotten
2 Eßl. gehackte Petersilie
4 Eßl. frisches Tomatenpüree
1 guter Eßl. Butter · 250 g Champignons
1 Glas Champagner
4 Portionen Filet vom Salm · Salz · Pfeffer
1 Tasse Sahne · 1 Tasse Sauce hollandaise

Eine große Kasserolle mit dem geschälten, halbierten Knoblauch ausreiben. Die gehackten Schalotten, die gehackte Petersilie, das Tomatenpüree, die Butter und die in feine Blättchen geschnittenen Champignons hineingeben. Den Champagner dazugießen und alles erhitzen. Die Salmfilets salzen, pfeffern und nebeneinander auf die Pilze legen. Zugedeckt 30 Minuten bei milder Hitze garen. Die Fischstücke herausnehmen und auf einer Platte warm stellen.

Zum Sud die Sahne gießen, stark einkochen lassen, die holländische Sauce unterrühren, mit Salz abschmecken und auf die Filets geben.

Fischfilet mit Sahnepilzen

2 Eßl. Bratfett (Butter, Margarine oder Öl)
4 Scheiben tiefgefrorenes Fischfilet
600 g Pilze (I) · 1 Eßl. Butter
1 gestrichener Eßl. Mehl · 1 Tasse Sahne
1 Eßl. gehackte Petersilie
1 Eßl. gehackter Dill · 1 Eigelb

Im heißen Fett die Fischfilets braten und auf einer Platte warm stellen. Die vorbereiteten Pilze fein aufschneiden.

In der Pfanne die Butter erhitzen, die Pilze dazugeben und bei guter Hitze unter Umwenden und Rühren die austretende Flüssigkeit verdampfen lassen. Mit dem Mehl bestäuben, unterrühren, die Sahne zugießen, die gehackten Kräuter untermi-

Internationale Pilzspezialitäten

schen und alles 3 Minuten ziehen lassen. Zum Schluß mit dem Eigelb legieren und auf die Fischfilets häufen.

Als Beilage paßt mit Butter verfeinertes Kartoffelpüree oder Kroketten mit gerösteten Mandeln.

Die Sahnepilze schmecken ebenso gut zu Fischstäbchen, Filets von frischen Fischen und auch zu gekochtem Edelfisch.

Gefüllte Poularde

250 g Pilze (I, II) · 1 Eßl. Butter
1 Eßl. gehackte Petersilie
1 gestrichener Teel. Salz
1 gestrichener Eßl. Semmelbrösel
1 bratfertige Poularde · 1 Glas Weißwein
etwas Wasser oder Milch
1 gestrichener Teel. Mehl

Die vorbereiteten Pilze fein aufschneiden, mit der Butter, der gehackten Petersilie und etwas Salz kurz anschmoren. Überschüssigen Saft abgießen und für die spätere Poulardensauce aufbewahren. Die Semmelbrösel unter die Pilze mischen.

Die Poularde mit Salz ausreiben. Die Pilzmasse einfüllen, die Öffnung mit ein paar Stichen zunähen. Unter Zugabe des Weißweins auf die übliche Weise garen (Backofen, Alufolie, Römertopf, Grill).

Den Bratensaft mit dem in etwas Wasser oder Milch verquirlten Mehl binden, den Pilzsud zufügen und die Sauce salzen.

Zunge mit Burgunderpilzen

½ l Wasser · ½ Teel. Salz
500 g Kalbszunge
600 g Pilze (I, II) nach dem Grundrezept Seite 105
1 Glas Burgunder

Das Wasser mit dem Salz zum Kochen bringen. Die Zunge darin 1½–2 Stunden garen, bis sie weich ist. Häuten und warm stellen.

Die Pilze nach dem Grundrezept zubereiten, mit dem Burgunder verfeinern und noch etwas einkochen.

Die Zunge in dünne Scheiben schneiden, auf einer länglichen Platte schuppenartig anordnen, darüber oder daneben die Burgunderpilze geben.

Dazu passen Kartoffelpüree, Kroketten oder feiner Semmelkloß.

Serbischer Bohnentopf
Bild Seite 129

2 l Wasser · 250 g weiße Bohnen
400 g Rauchfleisch · 1 Bund Suppengrün
1 Zwiebel
Knoblauch nach Geschmack
4 Tomaten · 1 Paprikaschote
500 g Pilze (I, II, III, IV)
1–2 Teel. Salz · Pfeffer
1 gestrichener Teel. Rosenpaprikapulver

1 l Wasser erwärmen und die Bohnen darin über Nacht einweichen.

Das restliche Wasser erhitzen, das Fleisch langsam darin gar kochen, dann

Internationale Pilzspezialitäten

herausnehmen. Das Suppengrün putzen und kleinschneiden, die Zwiebel schälen und aufschneiden, den Knoblauch schälen und hacken, die Tomaten brühen, abziehen und grob zerteilen, die Paprikaschote entkernen und in Streifen schneiden. Alles Gemüse und die Bohnen mit dem Einweichwasser in dem Fleischsud weiterkochen.

Die vorbereiteten Pilze in feine Blätter schneiden. Wenn die Bohnen beginnen weich zu werden, die Pilze zufügen und 15 Minuten mitkochen. Zum Schluß das Fleisch in Würfel schneiden, zugeben und mit Salz, Pfeffer und Paprika abschmekken.

China-Topf

400 g Rinderfilet · 100 g Porree (Lauch)
100 g Weißkohlherz
400 g Pilze (I, II, IV) · 2 Eßl. Öl
1 Tasse Fleischbrühe · 2 Eßl. Sojasauce
Chilipulver nach Geschmack

Das Filet in sehr dünne Streifen schneiden. Den Porree, den Kohl und die vorbereiteten Pilze fein aufschneiden. Im Topf das Öl erhitzen. Das Fleisch 5 Minuten darin braten. Porree, Kohl und Pilze mit der Fleischbrühe und der Sojasauce (notfalls entsprechend Salz) zum Fleisch geben. Alles 20 Minuten bei milder Hitze kochen. Mit Chilipulver abschmecken.

Als Beilage paßt körnig gekochter Reis.

Pilzküchlein

3/8 l Milch · 6 trockene Brötchen
3 Zwiebeln · 2 Eier
1 gestrichener Teel. Salz
600 g Pilze (I, II)
2–3 Eßl. beliebiges Bratfett
200 g durchwachsener Speck

Die Milch erhitzen und über die zerkleinerten Brötchen gießen, zugedeckt weichen lassen. 1 Zwiebel schälen und feinwürfeln. Die Brötchenmasse mit den Eiern, dem Salz und der Zwiebel zu einem weichen Brei verrühren. Die vorbereiteten Pilze grob hacken und unterheben. Den Teig portionsweise im heißen Fett zu flachen Küchlein ausbacken. Mit knusprig gebratenen Speckscheibchen und im Speckfett gebräunten Zwiebelringen reichen.

Pilzpizza

400 g Mehl · 1/2 Tasse lauwarmes Wasser
20 g Hefe · Salz
3 Eßl. Olivenöl oder 2 Eßl. Schweine-
  schmalz
500 g Pilze (I, II) · 1 Zwiebel
150 g durchwachsener Speck oder Räu-
  cherwurst
4 Tomaten · 1 Paprikaschote
1 Zweiglein Thymian
8–10 Rosmarinnadeln
150 g Käse (Emmentaler, Gouda)
1 Eßl. Öl

Das Mehl in eine große Schüssel oder auf den Arbeitstisch schütten. Eine Mulde

Internationale Pilzspezialitäten

hineindrücken, die zerbröckelte, in etwas lauwarmem Wasser gelöste Hefe hineingeben und gehen lassen. Dann mit 1 guten Prise Salz und dem Öl oder Schmalz zu einem geschmeidigen Teig kneten, wieder gehen lassen. Ausrollen und ein gefettetes Backblech damit belegen.

Die vorbereiteten Pilze blättrig, die geschälte Zwiebel in feine Würfel, den Speck oder die Räucherwurst in Streifen, die Tomaten und die entkernte Paprikaschote in Stücke schneiden. Alles gleichmäßig auf den Teig verteilen. Salzen, mit dem zerriebenen Thymian und Rosmarin würzen und mit dem in Streifen geschnittenen Käse belegen. Mit dem Öl beträufeln und im vorgeheizten Backofen bei mittlerer Hitze etwa 30 Minuten backen. Heiß servieren.

Je nach Geschmack können auch 100 g Oliven, auf dem Teig verteilt, mitgebacken werden.

Saure Pilze

800 g Pilze (I, II, III, IV)
100 g fetter Speck · 1 Zwiebel
2 gestrichene Eßl. Mehl
½–1 Tasse Wasser
1 gestrichener Teel. Salz · 2 Eßl. Essig
1 gestrichener Eßl. Zucker
1 Lorbeerblatt · 5 Pfefferkörner
3 Pimentkörner

Die vorbereiteten Pilze in feine Blättchen schneiden. Den Speck feinwürfeln und in der Pfanne hellbraun braten. Die Zwiebel schälen, feinschneiden und mit dem Speck glasig anbraten. Das Mehl darüberstäuben und unter dauerndem Umrühren bräunen. Dann nach und nach das Wasser unterrühren, bis die Sauce dickflüssig wird. Das Salz, den Essig, den Zucker, das Lorbeerblatt, die Pfeffer- und Pimentkörner und die Pilze dazugeben, 20 Minuten bei milder Hitze kochen lassen.

Dazu Kartoffelpüree oder Reis.

»Brüsseler Spitze«

500 g Pilze (I, II) · 3 Zwiebeln
2 Eßl. Butter · ½ Teel. Salz
1 gute Prise Pfeffer
2 Eßl. gehackte Petersilie · ⅛ l Sahne

Die vorbereiteten Pilze feinhacken. Die Zwiebeln schälen und feinwürfeln. Im Topf die Pilze, die Butter, die Zwiebeln, das Salz, den Pfeffer und die gehackte Petersilie 20 Minuten bei milder Hitze kochen, bis die Flüssigkeit verdampft ist. Dann pürieren oder durch ein Sieb streichen und auskühlen lassen. Die Sahne steif schlagen und untermischen.

Eine aparte Beilage zu Lammkotelett, Seezunge oder gekochtem Lachs.

Pilzknödelsuppe

2 trockene Brötchen · 1 Tasse Milch
250 g Pilze (I, II) mit Speck nach Grundrezept Seite 105
1 gute Prise Salz · 1 Ei
1 Eßl. gehackte Petersilie · 1½ l Wasser
½ Teel. Salz · ¾ l Fleischbrühe

Internationale Pilzspezialitäten

Die zerkleinerten Brötchen mit der kochenden Milch übergießen und zugedeckt weichen lassen. Die Pilze nach dem Grundrezept mit Speck zubereiten, dann feinhacken.

Die Brötchenmasse mit dem Salz, dem Ei, den feingehackten Pilzen und der gehackten Petersilie gut vermischen. Mit nassen Händen 4 Knödel formen, in sprudelnd kochendes Salzwasser einlegen und 20 Minuten ziehen lassen. In würziger Fleischbrühe servieren.

Pilztopf Försterin
Bild Einbandvorderseite

1 l Wasser · 1 Eßl. Butter
1 Bund Suppengrün
1 gestrichener Teel. Trompetenpulver, Rezept Seite 138, wenn vorhanden
800 g Pilze (IV)
1 gestr. Teel. Salz · 1 gute Prise Pfeffer
250 g durchwachsener Speck
1 Eßl. gehackte Petersilie

Das Wasser mit der Butter, dem vorbereiteten, kleingeschnittenen Suppengrün und dem Trompetenpulver zum Kochen bringen. Die vorbereiteten Pilze fein aufscheiden und nach 10 Minuten dazugeben. Salzen, pfeffern und noch 10 Minuten kochen. Den Speck in dünne Scheiben schneiden, in der Pfanne knusprig braten und zu den fertigen Pilzen geben. Alles mit der gehackten Petersilie bestreuen.

Sie können als Einlage Schwemmklößchen, gekochte Nudeln, Reis oder Kartoffeln in den Pilztopf geben.

Pichelsteiner

1 l Wasser · 1 gestrichener Teel. Salz
500 g Kochfleisch vom Rind
400 g gemischtes Gemüse (Mohrrüben, Sellerie, Porree, Kohlrabi, Erbsen, Weißkohl)
400 g Pilze (IV) · 1 gute Prise Pfeffer
1 Eßl. gehackte Petersilie

Das Wasser mit ½ Teelöffel Salz erhitzen, das Fleisch darin bei milder Hitze kochen, bis es gar ist, dann herausnehmen.

Inzwischen das Gemüse vorbereiten und kleinschneiden. Die vorbereiteten Pilze fein aufschneiden. Gemüse und Pilze in dem Fleischsud 20 Minuten kochen. Das Fleisch in Würfel schneiden, dazugeben, salzen und pfeffern und mit der gehackten Petersilie bestreuen.

Variation:
... **rumänische Art** – mit Hammelfleisch und Zugabe von Tomaten sowie Paprikapulver und -schoten.

Römertopf-Pilze

500 g Pilze (I, II, III, IV)
250 g Mohrrüben · 1 große Zwiebel
2 Tomaten · 1 gestr. Teel. Salz
1 große Prise Pfeffer · ½ Tasse saure Sahne
1 Teel. Zitronensaft
1 Gläschen Weinbrand
1 gestrichener Eßl. Mehl
1 Eßl. Butter · gehackte Petersilie

Den Römertopf wässern. Die vorbereiteten

Ungarischer Pfefferpilz

Serbischer Bohnentopf

Pilze chinesisch

Gefüllte Steinpilze

Essigpilze

Pilzsülze

Salat von Becherlingen

Feen-Salat

Internationale Pilzspezialitäten

Pilze fein aufschneiden, mit den geputzten, in dünne Scheiben oder Stifte geschnittenen Mohrrüben, der geschälten, gehackten Zwiebel, den vorgewürfelten Tomaten, dem Salz und dem Pfeffer mischen und in den Römertopf füllen. Die saure Sahne, den Zitronensaft und den Weinbrand verquirlen und mit dem Mehl verrühren. Über die Pilzmischung verteilen. Butterflöckchen daraufsetzen und das Ganze bei 200 Grad 45 Minuten im Backofen garen. Über das fertige Gericht gehackte Petersilie streuen.
Dazu Salzkartoffeln servieren.

Pilze chinesisch
Bild Seite 129

600 g Pilze (Steinpilz, Rotkappe, Schwefelporling, Schuppiger Porling, Ziegenfußporling, Riesenbovist, Champignon, Schopftintling, Violetter Ritterling, Lilastieliger Ritterling)
½ Teel. Salz · 1 Eßl. Sojasauce
2 Eier · 1 Tasse Mehl · ½ Tasse Wasser
1 gute Prise Salz
¼ l Fett zum Ausbacken (Fritüre)

Große Pilze in Streifen von Kleinfingergröße schneiden, kleine Pilze unzerteilt lassen. Die Pilze in einer Schüssel mit ½ Teelöffel Salz und der Sojasauce 10 Minuten marinieren.
Die Eier mit dem Mehl, dem Wasser und dem Salz zu einem dickflüssigen Eierkuchenteig verrühren. Jeweils 6–8 Pilze oder Pilzstücke durchziehen, in dem heißen Fett hellbraun braten, herausheben und warm stellen.

Dazu gehört die nachfolgende Sauce und als Beilage körnig gekochter Reis.
Das Gericht wird aus kleinen tiefen Schüsseln gegessen. Als Unterlage wird Reis eingefüllt, darauf kommt eine Portion Pilze, über alles die Sauce mit den Einlagen. Heißer Jasmintee, aber auch schwarzer Tee sind die ideale Ergänzung zu diesem scharfen Pilzerlebnis.

Sauce zu chinesischen Pilzen

1 Dose Ananasstücke
2 gestrichene Eßl. Speisestärke
Saft von 1 Zitrone · 1 Eßl. Essig
½ Tasse Fruchtgelee oder Marmelade
1 eingelegte Ingwerfrucht mit 2 Eßl. Sirup oder 1 gestrichener Teel. Ingwerpulver
3 Eßl. Tomatenketchup
½ Teel. Nelkenpfeffer (Piment)
2 Eßl. Sojasauce
1 Teel. Chilisauce oder Chilipulver nach Geschmack
eventuell 1–2 Eßl. Zucker

Den Ananassaft aus der Dose in den Kochtopf abgießen, erhitzen und mit der in etwas Wasser verquirlten Speisestärke andicken. Die Sauce leicht weiterkochen lassen und unter Umrühren den Zitronensaft, den Essig, das Fruchtgelee oder die Marmelade, die kleingehackte Ingwerfrucht mit dem Sirup oder das Ingwerpulver, das Tomatenketchup, den Nelkenpfeffer, die Sojasauce, die Chilisauce oder das Chilipulver und den Zucker hinzugeben. Die Sauce muß kräftig süß-sauer-scharf schmecken. Alles 10 Minuten ziehen lassen

Internationale Pilzspezialitäten

und kurz vor dem Anrichten die Ananasstücke hineingeben.

Die Einlage sehr feiner Streifen von Mohrrübe, einiger Erbsen (beides 2–3 Minuten vorgekocht), von Becherlingen oder Judasohren, kurz gebrüht, lassen die Sauce noch interessanter erscheinen.

Duxelles

1 Zwiebel · 125 g Pilze (I, II)
1 Eßl. Butter · etwas Salz und Pfeffer
60 g gekochter Schinken
2 Eßl. Tomatenmark

Duxelles ist ein fester Bestandteil der französischen Küche und wird zu Füllungen, als Beilage, aber auch zum Aufwürzen von Suppen und Saucen verwendet.

Die Zwiebel schälen und hacken. Die vorbereiteten Pilze feinhacken. In der Butter die Zwiebel anbraten. Die feingehackten Pilze dazugeben, salzen, pfeffern und 10 Minuten schmoren. Den Schinken hacken und mit dem Tomatenmark untermischen. Alles unter Rühren einkochen, bis der Saft verdampft ist.

Aspik zu kalter Platte

½ Tasse Trockenpilze · ½ l Wasser
etwas Salz · 1 Päckchen Gelatinepulver

Die Trockenpilze in dem Wasser 1–2 Stunden einweichen, dann unter Zugabe von etwas Salz 10 Minuten kochen, durchsieben und nach Vorschrift die Gelatine einrühren. In ein flaches Gefäß füllen, einige Stunden kühl stellen. Den Aspik auf ein Brett stürzen und in Würfel schneiden.

Sehr feine Beilage zu kaltem Braten.

Toast mit Pilzbutter

1 Zwiebel · 1 Eßl. Öl · 250 g Pilze (I, II)
½ Teel. Salz · 1 Prise Pfeffer
2 Eßl. gehackte Petersilie · 100 g Butter
Toastbrot

Die Zwiebel schälen und feinwürfeln. Das Öl in der Pfanne erhitzen, die Zwiebel darin glasig braten. Die vorbereiteten Pilze hacken, mit dem Salz, dem Pfeffer und der gehackten Petersilie dazugeben. Alles unter Umrühren schmoren lassen, bis die Flüssigkeit verdampft ist. Pürieren oder durch ein Sieb streichen und kühl stellen. Dann mit der Butter verkneten, wieder kühl stellen.

Toast rösten und heiß jeweils mit einer Portion Pilzbutter belegen.

Mitternachts-Pilze
(scharfe Muntermacher)

500 g Pilze (I, II, III, IV) · 1 Zwiebel
1 Eßl. Schweineschmalz
2 gestrichene Eßl. Mehl · ½ l Wasser
2 Eßl. dickes Tomatenmark aus der Dose oder Tube
½–1 Teel. Salz · etwas Pfeffer

Internationale Pilzspezialitäten

*1 gestrichener Eßl. Rosenpaprikapulver
etwas Cayennepfeffer oder Tabasco
1 Glas Rotwein*

Die vorbereiteten Pilze in feine Blättchen schneiden oder hacken. Die Zwiebel schälen und würfeln. In der Pfanne das Schmalz erhitzen, darin das Mehl unter ständigem Rühren dunkelbraun rösten, nach und nach mit dem Wasser aufgießen. Die fein aufgeblätterten oder gehackten Pilze, die gewürfelte Zwiebel und das Tomatenmark dazugeben und alles 20 Minuten bei milder Hitze zugedeckt kochen. Mit Salz, Pfeffer, Paprika und Cayennepfeffer oder Tabasco pikant abschmecken. Zum Abschluß den Rotwein zugeben.
    Helles Brot (Mischbrot) dazu reichen.

Pilzsalat Gärtnerin-Art

*400 g Pilze (I, II) · ½ Tasse Wasser
1 kleine Sellerieknolle (etwa 250 g)
3 Sellerieherzblättchen · 1 Zwiebel
1 gestrichener Teel. Salz · etwas Pfeffer
3 Eßl. Essig · 1 gestrichener Teel. Zucker
2 Eßl. Öl*

Die vorbereiteten Pilze feinblättrig aufschneiden, mit dem Wasser 5 Minuten kochen und im Sud abkühlen lassen. Die Sellerieknolle in Wasser weich kochen, schälen und in feine Streifen schneiden. Die Sellerieblättchen hacken. Die Zwiebel schälen und feinwürfeln. Alles zu den Pilzen geben und mit dem Salz, dem Pfeffer, dem Essig, dem Zucker und dem Öl gut vermischen. Einige Stunden ziehen lassen.

Pilzkuchen

*250 g Mehl · 4 Eier · 1 Eßl. Butter
10 g Hefe · Salz · 1200 g Pilze (I, II, IV)
2 große Zwiebeln
100 g durchwachsener Speck
1 Prise Pfeffer · nach Geschmack Kümmel
2 Tassen saure Sahne
2 gestrichene Eßl. Mehl*

Aus dem Mehl, 1 Ei, der Butter, der Hefe und etwas Salz einen Teig bereiten (siehe Seite 126 f.), ausrollen und mit 3–4 cm hohem Rand in eine Springform bringen.
    Die vorbereiteten, gut ausgedrückten Pilze fein aufschneiden. Die Zwiebeln schälen und würfeln. Den Speck würfeln, hellbraun ausbraten, dann die Zwiebeln in dem Speckfett anbraten. Die Pilze zugeben und 10 Minuten schmoren, bis der Saft verdampft ist. Salzen, pfeffern (nach Geschmack Kümmel hinzufügen) und auskühlen lassen.
    Die Sahne mit 3 Eiern, 2 Eßlöffeln Mehl und etwas Salz gut verrühren. Unter die Pilzmasse heben, alles auf den gegangenen Teig geben und im vorgeheizten Backofen bei mittlerer Hitze in etwa 45 Minuten goldbraun backen.
    Dieser Kuchen wird warm gegessen. Reste davon wärmt man portionsweise bei Bedarf wieder im Backofen auf.
    Mit jungem Wein wird der Pilzkuchen hier in Hornberg/Schwarzwald als Spezialität angeboten.

Essigpilze und was man daraus machen kann

Essigpilze
Bild Seite 130

1 Tasse Wasser · 1 kg junge Pilze
½ l Essig · 3 Lorbeerblätter
15 Pfefferkörner · 10 Pimentkörner
2 gestrichene Eßl. Senfkörner · 2 Peperoni
1 gestrichener Eßl. Zucker
2 gestrichene Teel. Salz · 10 Schalotten

Essigpilze sind zur Verfeinerung edler Gerichte, besonders auch zum Garnieren, gedacht. Bedenken Sie daher die optische Wirkung schon beim Einlegen und verarbeiten Sie nur junge Pilze im Ganzen. Dafür sind der Artenwahl keine Grenzen gesetzt. Nehmen Sie, was Sie an kleinen festen Pilzen finden können: Champignons, verschiedene Ritterlinge, Blutreizker, Maronen- und andere Röhrlinge, Schnecklinge, Nelkenschwindlinge, Täublinge, Zigeuner. Besonders hübsch lila bleiben Violette Lacktrichterlinge, dunkelweinrot wird der Kupferrote Gelbfuß, dekorativ sind Korallen.

In dem Wasser die vorbereiteten Pilze nacheinander portionsweise einmal aufkochen lassen und auf ein Sieb zum Abtropfen heben. (Das Kochwasser kann für Saucen und Suppen verwendet werden.) Aus dem Essig, den Lorbeerblättern, den Pfefferkörnern, den Pimentkörnern, den Senfkörnern, den Peperoni, dem Zucker, dem Salz und den geschälten Schalotten einen kräftigen Sud kochen, 5 Minuten ziehen lassen und die Pilze hineingeben. Nach dem Erkalten in ein passendes Gefäß füllen (Einmachglas mit Deckel) und im Kühlschrank aufbewahren.

Um die Haltbarkeit über Monate zu gewährleisten – meine Essigpilze halten auch über ein Jahr –, sollte nach einigen Tagen eine Probe vom Essigsud genommen werden. Er muß kräftig sauer-salzig schmecken. Ist dies nicht der Fall, weil nicht jeder Essig gleich sauer ist und manche Pilze mehr Wasser speichern und den Sud verdünnen, dann muß nachgesäuert und eventuell nachgesalzen werden

Findet man nicht gleich die nötige Menge Pilze, kann der kräftige Sud auf Vorrat kühl gestellt werden. Je nach Ausbeute kocht man dann die kleinen, zum Einlegen ausgewählten Pilze ab und fügt sie nach dem Erkalten dem Sud zu. Am Ende der Pilzsaison hat man dann mit einem Querschnitt durch alle Pilzarten des Sommers und Herbstes einen wunderhübschen kunterbunten Essigpilztopf.

Pilzsülze
Bild Seite 130

2 Tassen Essigpilze, Rezept nebenstehend
4 Tomaten · 2 Delikateßgurken
1 Prise Salz · ½ l Wasser
1 Beutel weiße Gelatine

Die Essigpilze zwischen zwei Brettern ausdrücken und mit den in Achtel geschnittenen Tomaten und den gewürfelten oder in feine Streifen geschnittenen Delikateßgurken mischen. In dem leicht gesalzenen Wasser die Gelatine nach Vorschrift auflösen und andicken lassen. Kurz vor dem Erstarren etwas davon als Sockel in die mit kaltem Wasser ausgespülten Formen

Essigpilze und was man daraus machen kann

gießen und fest werden lassen. Dann schichtweise mit der Pilzmischung und der Sülzmasse auffüllen, abschließend mit Sülze. Einige Stunden kühl stellen. Zum Stürzen die Form kurz in heißes Wasser halten, damit sich innen das Gelee ablösen kann.

Mit Remouladensauce und Bratkartoffeln oder Pommes frites ein kleines Hauptgericht.

Salat Kunterbunt

1 Tasse Essigpilze, Rezept Seite 134
2 Tomaten · 1 Delikateßgurke
1 Zwiebel · 1 Mohrrübe · 1 Paprikaschote
1 Eßl. Öl

Die Essigpilze ausdrücken, streifig schneiden, die Tomaten in Scheiben schneiden, dann würfeln, die Gurke feinwürfeln, die Zwiebel schälen, halbieren und in hauchdünne Halbringe schneiden. Die Mohrrübe vorkochen, die Paprikaschote entkernen und brühen, beides in feine Streifen schneiden. In einer Schüssel alles mit dem Öl gut vermischen und einige Stunden ziehen lassen.

Pikante kalte Pilz-Senf-Sauce

1 Tasse Essigpilze, Rezept Seite 134
1 Apfel · 1 Zwiebel · 1 Eßl. Senf
1 gestrichener Eßl. Zucker · ½ Tasse Sahne
½ Lorbeerblatt · etwas Curry

Die Essigpilze ausdrücken und streifig schneiden, den Apfel schälen und feinwürfeln, die Zwiebel schälen und hacken. Aus dem Senf, dem Zucker und der Sahne eine Sauce rühren. Pilze, Apfel und Zwiebel mit dem halben Lorbeerblatt zufügen, mit Curry abschmecken und einige Stunden ziehen lassen.

Ideale Beigabe zu hartgekochten kalten Eiern.

Verlorene Eier in Pilz-Senf-Sauce

8 Eier · 1 Zwiebel · 100 g fetter Speck
3 gestrichene Eßl. Mehl · 2 Tassen Wasser
½ Tasse Essigpilze, Rezept Seite 134
3 Eßl. Senf · 1 gestrichener Eßl. Zucker
1 Lorbeerblatt · 5 Pfefferkörner
3 Pimentkörner · ½ Teel. Salz
½ Tasse Sahne

Verlorene Eier zubereiten oder die Eier hart kochen.

Die Zwiebel schälen und würfeln. Den Speck feinwürfeln und im Topf ausbraten. Das Mehl darin durchschwitzen, die gewürfelte Zwiebel kurz mitschwitzen, nach und nach unter Rühren das Wasser hinzufügen. Die ausgedrückten, zerkleinerten Essigpilze, den Senf, den Zucker, das Lorbeerblatt, die Pfeffer- und Pimentkörner, das Salz dazugeben und alles 15 Minuten bei milder Hitze kochen. Mit der Sahne verfeinern, die verlorenen oder gekochten und geschälten Eier einlegen.

Als Beilage passen dazu Salzkartoffeln oder Kartoffelpüree.

Essigpilze und was man daraus machen kann

Pilze mit Herz
Bild Seite 120

800 g Kalbsherz · ¼ l Rotwein
1 Eßl. Essig · 1 Lorbeerblatt
5 Pimentkörner · 10 Pfefferkörner
1 Zwiebel · 1 Eßl. Butter oder Margarine
1 gestrichener Teel. Salz · 1 Prise Pfeffer
½ Tasse Wasser oder Milch
2 gestrichene Eßl. Mehl
½ Tasse Essigpilze (Rezept Seite 134)
1 Eßl. Johannisbeergelee
1 Eßl. Tomatenketchup

Das Kalbsherz in grobe Stücke schneiden und 5–6 Tage in einer Marinade aus dem Rotwein und dem Essig, gewürzt mit dem Lorbeerblatt, den Pimentkörnern, den Pfefferkörnern und der geschälten, in Stücke geschnittenen Zwiebel in einem geschlossenen Behälter in den Kühlschrank stellen. Öfter wenden, damit alle Stücke gut mariniert werden.

Mit der Butter oder der Margarine und der Hälfte der Marinadenflüssigkeit das Fleisch in etwa 2 Stunden gardünsten, eventuell etwas Marinade nachgießen, salzen und pfeffern. Das Mehl in Wasser oder Milch verrühren und die Sauce damit andicken. Die Essigpilze zwischen zwei Brettern gut ausdrücken, dann ebenso wie das Johannisbeergelee und das Tomatenketchup hinzugeben. Alles noch 15 Minuten ziehen lassen.

Als Beilage passen sehr gut Spätzle, Nudeln, Salzkartoffeln, Kroketten oder Knödel jeder Art.

Variationen:

... sauté chasseur ist die Abwandlung des Gerichts mit Fleisch von Hirsch, Damwild, Reh oder Hase.

... à la Diane ist die Abwandlung unter Verwendung von Wildfleisch und Streifen fetten Specks.

Zu allen Variationen paßt als erfrischende Beilage besonders gut eine angedünstete Apfel- oder Birnenhälfte, gefüllt mit Preiselbeeren.

Schwedenhappen

3 gestrichene Eßl. Zucker
1 gestrichener Eßl. Salz
1 Teel. schwarze Pfefferkörner
½ Teel. Nelkenpfeffer (gemahlene Pimentkörner)
3 Lorbeerblätter · 2 Eßl. Senfkörner
3 Zwiebeln
2 große Tassen abgetropfte Essigpilze (Rezept Seite 134)

Den Zucker, das Salz, die Pfefferkörner, den Nelkenpfeffer, die grob zerbröckelten Lorbeerblätter und die Senfkörner gut mischen. Die Zwiebeln schälen und in feine Ringe aufschneiden. Nun die Essigpilze – möglichst in einem rustikalen Gefäß, zum Beispiel aus Steingut – lagenweise abwechselnd mit der trockenen Würzmischung einschichten und jeweils einige Zwiebelringe dazwischengeben. 3 Tage ziehen lassen.

Zu diesem »Herings«-Rezept eignen sich besonders gut Violetter Ritterling und andere weichfleischige Massenpilze. Möchte man diese frisch zu obigem Rezept verwenden, wird 1 kg Frischpilze grob zerteilt, mit ½ l Essig aufgekocht und dann wie oben weiterverarbeitet.

Grundsätzliches über Pilzsuppen

Ein paar Pilzstückchen können Sie als Einlage in fast jede Suppe geben, es ist deshalb keine Pilzsuppe, und davon soll hier nicht die Rede sein. Ich will Ihnen vielmehr zeigen, wie auf einfachste Art eine schmackhafte Suppe auf Pilzbasis hergestellt wird.

Klare Pilzbrühe

1 Tasse Trockenpilze · 3/4 l Wasser
1/2 Teel. Salz · eventuell etwas Butter

Die Trockenpilze in einem Teil des Wassers 2–3 Stunden einweichen. Mit dem restlichen Wasser auffüllen, salzen und 20 Minuten bei milder Hitze kochen. Die ausgekochten Pilze sind nicht mehr so schmackhaft, als daß sie in der Brühe verbleiben sollten, also die Suppe durch ein Sieb gießen oder die Pilze herausheben. Nach Wunsch Butter zugeben.

Einlagen: gehackte Kräuter, Spargel, Erbsen, Karottenwürfel, Schwemmklößchen, Eierstich, Eierlauf, Flädele, Knödel, kleine Nudeln, Reis, Backerbsen, Fleischklößchen oder ein paar frische, fein aufgeschnittene Pilze der Gruppe I oder II, die 5 Minuten mitgekocht werden.

Das starke Aroma, wie es für diese Brühe erwünscht ist, wird nur durch Trockenpilze erzielt. Eine Ausnahme unter den Frischpilzen macht der schuppige Porling, dessen Kochwasser wie die feinste Fleischbrühe schmeckt. Selbst ältere zähe Exemplare, die zum Verzehr nicht mehr geeignet sind, können noch für eine gute Suppe ausgekocht werden.

Pilzsuppe legiert

250 g Pilze (I, II) · 1 kleine Zwiebel
etwas Suppengrün · 1 Eßl. Butter
1 gestrichener Teel. Mehl · etwas Salz
1 Prise Pfeffer · 3/4 l Wasser · 1 Eigelb
1/2 Tasse Sahne
nach Geschmack geriebene Muskatnuß
1 Eßl. gehackte Petersilie

Die vorbereiteten Pilze fein aufschneiden. Die Zwiebel schälen und hacken. Das Suppengrün putzen und zerkleinern. In der Butter die Pilze, die Zwiebel und das Suppengrün anbraten. Mit dem Mehl bestäuben, salzen und pfeffern und mit dem Wasser 15 Minuten bei milder Hitze kochen. Die Hitze abschalten. Das Eigelb in der Sahne verrühren, die Suppe damit legieren, nach Geschmack mit Muskatnuß würzen und die Petersilie aufstreuen.

Variationen:
Mit gehackten Kräutern (Dill, Estragon, Kerbel, Bohnenkraut, Schnittlauch), Knoblauch, Thymian, Rosmarin, Wacholderbeeren, Portwein, Sherry, Burgunder, Madeira, Weißwein.

Oder als Einlage Kräuterklößchen, Fleischklößchen, in Butter geröstete Weißbrotwürfel.

... au gratin – In Suppentassen füllen, auf jede Suppe eine runde Scheibe Weißbrot legen, dick mit geriebenem Käse bestreuen und mit Butterflöckchen belegen. Im vorgeheizten Backofen bei 250 Grad überbacken.

Das Haltbarmachen der Pilze

Einfrieren

Die modernste und einfachste Art der Haltbarmachung ist das Einfrieren.

Einige Pilzarten können *roh* eingefroren werden und sind nach dem Auftauen wie frisch geerntet. Es sind: Graublättriger Schwefelkopf, Austernseitling, Samtfußrübling, Schwarzfaseriger Ritterling, Violetter Ritterling, Frostschneckling.

Alle übrigen Pilze sollten vorbehandelt werden. Hat man große Mengen zu verarbeiten, empfiehlt sich *Blanchieren* der vorbereiteten, fein aufgeschnittenen Pilze. Dabei geht allerdings schon ein Teil des Aromas verloren. Den geringsten Aromaverlust erzielt man, wenn das Pilzgericht, nach dem Grundrezept *fertig zubereitet*, ausgekühlt, in Portionen abgeteilt, eingefroren wird.

Pilze sind ein Jahr und länger haltbar und können unaufgetaut in den Kochtopf kommen.

Pfifferling und Trompetenpfifferling eignen sich nicht zum Einfrieren. Sie werden zäh und auch bitter.

Industriell eingefrorene Pifferlinge werden mit Kochsalz und Zitronensäure vorbehandelt.

Einwecken

Pfifferlinge und Trompetenpfifferlinge lassen sich gut einmachen. Nicht alle Pilzarten eignen sich gleich gut für diese Art der Konservierung, denn empfindliche Pilze zerkochen, Röhrlinge werden schleimig, Champignons bilden gerne Fäulnisstoffe und verderben. Wenn man aber junge, feste Pilze wählt und die Vorschrift beachtet, dann gelingt auch das Einmachen aller Arten.

Junge Pilze vorbereitet, aber unzerteilt in wenig Wasser einmal aufkochen, herausheben und mit frischem Wasser in die Gläser füllen. 2 Stunden bei 98 Grad sterilisieren. Zwei bis drei Tage später 1 Stunde bei 98 Grad nachwecken.

Nach dem späteren Öffnen des Glases werden die Pilze fein aufgeschnitten und unter Verwendung des Wecksuds wie frische verarbeitet.

Trocknen

Pfifferlinge eignen sich dazu nicht, sie werden zäh, ebenso keine schnell verderblichen Arten wie Tintlinge, Boviste und keine Pilze, die witterungsbedingt viel Wasser aufgenommen haben, selbst wenn es sich um Steinpilze handelt.

Gut geeignet sind trockene, sauber gewachsene Pilze, die möglichst nicht gewaschen werden müssen, wie Steinpilz, Marone, Ziegenlippe, Rotfußröhrling, Champignons, Ritterlinge, Täublinge, Stockschwämmchen, Graublättriger Schwefelkopf, Herbsttrompete und andere.

Die Pilze feinblättrig aufschneiden, auf Packpapier breiten und an der Sonne oder auf dem warmen Heizkörper schnell trocknen. Das wichtigste zum Trocknen ist die Luft, deshalb muß, wenn man im Backofen trocknen will, die Tür weit geöffnet sein. Die Temperatur muß sehr niedrig gehalten werden. Auf keinen Fall dürfen die Pilze schwitzen, dann verderben sie.

Es gibt ein patentes Siebgestell mit einem

Das Haltbarmachen der Pilze

Ventilator darunter, der sich in Bewegung setzt, wenn der Apparat auf die lauwarme Kochplatte gestellt wird. In 5–6 Stunden sind ein paar Portionen Pilze übereinander fertig.

Getrocknete Pilze nehmen einen strengen Geschmack an. Sie sind dann zum Würzen von Fleisch, Saucen und Suppen vorzüglich, jedoch für Pilzgemüse nicht mehr geeignet.

Völlig trockene Pilze können im Mixer oder in der Kaffeemühle zu Pulver gemahlen werden und ermöglichen dann feinste Dosierung.

Pilzpulver sollte man sich getrennt nach Arten herstellen aus: Speitäubling, wer Scharfes liebt; Bruchreizker, auch Maggipilz genannt, wer gerne mit Maggi abschmeckt; Knoblauchschwindling, wer gerne provenzalisch ißt, aber nicht so riechen möchte; Herbsttrompete, wer das kräftige Aroma schätzt.

Aufbewahrung aller Trockenpilze im Schraubglas.

Pilze zu Pilzextrakt verarbeiten

Massenpilze, die zum Trocknen zu wasserhaltig, zum Einwecken nicht edel genug sind, können zu Pilzextrakt verarbeitet werden. Vorbereitete, grob zerkleinerte Pilze ohne Flüssigkeit zum Kochen aufsetzen, 20 Minuten ziehen lassen, durch ein Tuch gießen und auspressen. Den Saft bis auf Sirupdicke einkochen und gut mit Salz versetzen. Im Kühlschrank jahrelang haltbar.

Silieren (Milchsäuregärung)

Das Silieren von Pilzen kommt aus Ostpreußen. Dort wurde ganz besonders der Rotbraune Milchling, der wegen seiner brennend scharfen Milch für andere Zubereitung nicht in Frage kommt, auf diese Weise für den Winter haltbar gemacht, aber auch andere »ungenießbare« Milchlinge wurden einsiliert. Die Milchsäuregärung erschließt nicht nur die Inhaltsstoffe besser, sie macht die Pilze auch magenfreundlicher, leichter verdaulich. Also sollten bei reicher Pilzernte auch einmal bessere Arten eingesäuert werden.

Pilze grob zerkleinern, in wenig Wasser einmal aufkochen. In ein Fäßchen oder einen Steintopf lagenweise Pilze, Salz, Zucker (auf 1 kg Pilze 15 g Salz und 10 g Zucker) einschichten und 1 Tasse saure Milch darübergießen. Das Siliergut wird mit einem sauberen Leinentuch bedeckt, darauf kommt ein passendes Brett oder ein flacher Teller, mit einem Stein beschwert, damit die sich bildende Lake immer über den Pilzen steht. Bei normaler Raumtemperatur setzt bald die Gärung ein, nach 8–10 Tagen ist sie abgeschlossen. Das Gefäß ist dann kühl aufzubewahren.

Die Pilze halten sich den ganzen Winter über, bis zum Frühjahr oder Frühsommer. Das Tuch ist von Zeit zu Zeit zu waschen.

Silierte Pilze werden wie frische zubereitet, kurz abgebraust oder gewässert, je nach Geschmack.

Pilze in Essig einlegen

Für begrenzte Zeit lassen sich Pilze auch durch Einlegen in Essig haltbar machen, siehe Essigpilze Seite 134.

Liste der Pilzberater

in der Bundesrepublik Deutschland
Stand 1976
Erstellt in Zusammenarbeit mit der
Zentralstelle für Pilzforschung und
Pilzverwertung München.

7321 Adelberg üb. Göppingen: Gerhard Scheufele, Frühlingsstr. 6
6962 Adelsheim: Willi Hormel, Obere Eckenbergstr. 15
7991 Ailingen üb. Friedrichshafen: Alfred Siefert, Kirchweg 1
7305 Altbach (Württ.): Hans Steinmann, Wilhelmstr. 22
7154 Althütte (Württ.): Barbara und Hans Gelbing, In der Reute 3
7821 Amrigschwand: Sighilde Baireuther, Panoramastr. 6
5470 Andernach: Waldemar Werther, Salentinstr. 17
8750 Aschaffenburg: Klaus Wanecek, Wacholderweg 8
 Thea Neuner, Godelsberg 1
8900 Augsburg: Augsburger Stadtmarkt, Johann Stangl, Von-der-Tann-Str. 48

7151 Backnang-Birkmannsweiler: Eugen Bückle, Im Sonnenhang 38
7570 Baden-Baden: Georg Polomski, Töpferweg 10
 Herbert Wassmer, Märzenbachweg 9
6430 Bad Hersfeld: Adolf Nentwich, Falkenblick 39
6550 Bad Kreuznach: Dr. Ulrich Korth, Waldemarstr. 47
5483 Bad Neuenahr-Ahrweiler 2: Waldemar Werther, Marktplatz 16
2360 Bad Segeberg: Heidi Brühl, 2351 Heidmühlen üb. Neumünster
7982 Baienfurt üb. Ravensburg: Dietmar Härtel, Eichendorffweg 3
 Alois Rieger, Briacher Str. 1
7292 Baiersbronn (Württ.): Else Ochsenwadel, Landhausweg 2
7985 Baindt üb. Ravensburg: Bruno Genal, Buchenstr. 10
 Hans Knitz, Annabergstr. 6
7460 Balingen: Ingeborg Schwenzer, Mozartstr. 20
8600 Bamberg: W. Bolling, Luitpold-Apotheke, Luitpoldstr. 33
8580 Bayreuth: Josef Brucker, Oskar-Jünger-Str. 15
8432 Beilngries: Markus Böhm, Schneider-Peterle-Gasse 3
8220 Bergwiesen/Hochberg üb. Traunstein: Eva Dietrich

7301 Berkheim üb. Eßlingen: Otto Schmid, Jakobstr. 28
1000 Berlin: Egon Bach, Berlin 30, Bamberger Str. 31
 Bot. Museum, Berlin 33, Königin-Luise-Str. 6–8
 Deutsche Gesellschaft für Pilzkunde, Arbeitskreis Berlin; Heinz Michaelis, Berlin 41, Südendstr. 55
 Dr. Adolf Strauss, Berlin 36, Erkelenzdamm 7
7421 Bernloch üb. Münsingen: Paul Schmid, Apotheke
7950 Biberach (Riß): Josef Hingerl, Thüringer Str. 27
 Hans Schneider, Mozartstr. 2
7950 Biberach-Ringschneit: Anton Vogler, Hauptstr. 80
4800 Bielefeld: Dr. Koppe, Hubertstr. 20
 Naturwissenschaftlicher Verein, Naturkunde-Museum, Stapenhorststr. 1
 Städt. Untersuchungsamt Bielefeld, Oststr. 55 (Dipl.-Ing. Meyer)
 Günther Thienhaus, Ebreskerstr. 128
7120 Bietigheim: Karin Kienzle, Dresdener Str. 8
3045 Bispingen-Borstel: Martha Thetard i. Fa. Pilzverwertung Borstel, Heidberg 5
7120 Bissingen: Dieter Strohm, Finkenweg 1
7901 Blaustein üb. Ulm: Rolf Striebel, Ottostr. 15
8443 Bogen: Mannfried Pahlow, Stadt-Apotheke
7026 Bonlanden (Fildern): Walter Eberhardt, Oberdorfstr. 6 A
5300 Bonn: Philipp Pfeiffer, Eibenweg 1
7823 Bonndorf (Schwarzw.): Josef Strittmatter, Sportplatzweg 1
7715 Bräunlingen-Waldhausen: Wolfgang Kühnl, Volksschule
3301 Braunschweig-Völkenrode: Dr. Klaus Wilhelm Grabbe, Forschungsanstalt für Landwirtschaft, Institut für Bodenbiologie, Bundesallee 50
2800 Bremen: Günter Finschow, Wochenmarkt am Domhof
 Wilhelm Syamken, Parkstr. 45
2820 Bremen-Blumenthal: Hans Janke, Fresenbergstr. 18
2850 Bremerhaven: Dr. Klaus Priebe, Staatl. Veterinäramt, Halle X
6451 Bruchköbel: Hellmuth Brünjes, Hauptstr. 3 m
6967 Buchen (Odenw.): Norbert Linsler, Unterer Hainstadter Weg 1

 Ernst Mader, Am Himmelreich 25
 Uta Stolle, Bödigheimer Str. 5
7741 Buchenberg: Volker Schröter, Martinsweiler 184
7580 Bühl (Baden): Richard Adler, Stadt-Apotheke, Hauptstr. 67
 Dr. Hermann Neubert, Tullastr. 9
5907 Burbach: Heinrich Lücke, Köppelsfeld 5
5909 Burbach-Holzhausen: Kurt Schöler, Am Denkmal 14

3100 Celle: Meta Puknat, Eilensteg 33
8490 Cham (Oberpf.): Josef Schäfer, Marien-Apotheke, Marktplatz 10
8630 Coburg: Dr. Dietrich Schaller, Stadt-Apotheke
7180 Crailsheim: Oberstudienrat Oswin Mutschler

2431 Damlos: Tjado Müller, Hauptstraße
6100 Darmstadt: Christa Engelhardt, Hauswirtschafts- und Verbraucherberatung des Hausfrauenbundes, Luisenplatz 6
 Dr. Martin Hochenegger, Hochstr. 55
 Institut für Naturschutz, Havelstr. 7
8360 Deggendorf: Hans-Georg Gaggermeier, Weinstr. 50
7771 Deisendorf üb. Überlingen: Fritz Begenat, Birnauer Gäßl 11
7212 Deißlingen üb. Rottweil: Konrad Bucher, Friedrichstr. 26
8880 Dillingen: Norbert Sing, Frühlingstr. 10½
7257 Ditzingen (Württ.): Prof. Paul Buck, Bildstr. 2
7710 Donaueschingen: Bärbel und Peter Dobbitsch, Alemannstr. 22
 Leopold Kleil, Linsenöschstr. 12
7295 Dornstetten üb. Freudenstadt: Freya Lentz, Uhlandstr. 15
4600 Dortmund: Chem. Untersuchungsamt der Stadt Dortmund, Hövelstr. 8 (Oberchemierat Bromby)
 Paul Schwarzenau, Lübecker Str. 28
 Helmut Skibicki, Hohe Str. 22
6641 Düppenweiler: Rainer Klein, Hüttersdorfer Str. 5
4000 Düsseldorf-Garath: Kurt Berndt, Jakob-Kneipp-Str. 59
4100 Duisburg: Dr. Doris Heckermann-Meisters, Sternbuschweg 1
 Otto Meyer, Mainstr. 63
7071 Durlangen b. Schwäb. Gmünd: German J. Krieglsteiner, Beetho-

venstr. 1, Arbeitsgemeinschaft Mykologie Ostwürttemberg (AMO)
7401 Dußlingen (Württ.): Fritz Oschmann, Haldenweg 17

6930 Eberbach (Bad Neckartal): Karl Muff, Untere Badstr. 21
Klaus Reinhard, Im Hirschacker 9
7023 Echterdingen (Württ.): Wolfgang Erb, Hauptstr. 87
5541 Eigelscheid: Gerda Stangen, Hauptstr. 1 a
6951 Einbach: Bernd Fischer, Haus 46
6141 Einhausen üb. Bensheim: Adam Rau, Sudetenstr. 8
7332 Eislingen (Fils): Kurt Kauderer, Stuttgarter Str. 25
Rudolf Strödel, Adlerstr. 45
5208 Eitorf-Köttingen: Gertrud Meller, Im Eichenbusch
2919 Elisabethfehn: Gustav Schünemann, Hauptstr. 35
7830 Emmendingen: Dr. Hans Burckhardt, Roethestr. 16
Dieter Knoch, Mozartstr. 8
7057 Endersbach: Günter Krause, Bergweg 26
6901 Eppelheim üb. Heidelberg: Johann Stumvoll, Stresemannstr. 29
8520 Erlangen: Staatl. Chemische Untersuchungsanstalt, Henkestr. 11 (Chemiedirektor Dr. Sperber)
Rainer Klink, Im Heuschlag 19
7108 Erlenbach üb. Heilbronn: Käte Otto, Friedenstr. 8
7071 Eschach b. Schwäb. Gmünd: Hans Payerl, Neue Steige 30
4300 Essen 14: Heinz-Dieter Richard, Essen-Steele, Augener Str. 31
7300 Eßlingen: Dr. Werner Schmutz, Lichtensteinweg 14
7637 Ettenheim: Herbert Salzer, Sonnhalde 15
7533 Eutingen üb. Pforzheim: Kurt Christ, Enzstr. 100

8261 Feichten (Alz): Pfarrer Hermann Wagner, Kath. Pfarramt
7012 Fellbach: Elly Beck, Schulstr. 29/I
7612 Fischerbach: Renate Stattmiller, Reichbergstr. 13
7251 Flacht b. Leonberg: Karl Hauser, Iptingerstr. 10
2390 Flensburg: Herr Zachau, Naturwissenschaftliches Heimatmuseum
7564 Forbach: Kuno Lazzaro, Alte Landstr. 13

8550 Forchheim: Lothar Meininghaus, Friseurfachschule, Postfach 202
3558 Frankenberg (Eder): Herbert Gabriel, Adalbert-Stifter-Str. 12
6000 Frankfurt (Main): Werner Bartsch, Kallestr. 11
Heinrich Karl Prinz, Haus Dornbusch, Eschersheimer Landstr. privat: 6360 Friedberg, Heinrich-Heine-Str. 39
Reglindis Tonhausen, Ziegenhainerstr. 52
7831 Freiamt üb. Emmendingen: Klaus Lindner, Tannenweg 20
7800 Freiburg (Breisgau): Roswitha Baron, Eichbergstr. 36
Paul Fischer, Am Lindacker 4
Wolfgang Hochuli, Steinmatten 41
Museum für Naturkunde, Gerberau 32
Norbert Mutterer, Karthäuserstr. 12
Leonie Wehner, Sautierstr. 44
7591 Freistett üb. Achern: Karl Morgenthaler, Mühlenstr. 21
7290 Freudenstadt: Kurt Süsser, Apotheke, Marktplatz 55
7990 Friedrichshafen: Franz Bucher, Maybachstr. 4
Armin Eckert, Von-Keppler-Str. 42
Leonhard Geyer, Margaretenstr. 47
Hermann Jannssen, Hofener Str. 23
Dr. Jutta Leimenstoll, Seeblick 18
Klaus Podssuweit, Allmandstr. 60
Horst Przybilla, Neue Apotheke, Ailinger Str. 14
Karl Richter, Resedenweg 7
Anna Weingärtner, Kornstr. 4
Karl-Heinz Zimmermann, Ailinger Str. 102
8080 Fürstenfeldbruck-Emmering: Julius Rothmayr, Untere Au, Riedernstr. 4
8510 Fürth: Friedrich Kaiser, Leibnizstr. 23
6400 Fulda: Karl Sya, 6411 Lennerz
7743 Furtwangen: Irmgard und Heinz Danner, Bregstr. 29

7761 Gaienhofen üb. Radolfzell: Ernst Wagner, Im Kohlgarten 2
7160 Gaildorf: Hans Chr. Sailacher, Neue Apotheke, Kirlistr. 5
8261 Garching/Alz: Otto Gruber, Marienstr. 14
8100 Garmisch-Partenkirchen: C. L. Loreck, Walther-Siegfried-Str. 2

Albert Schönauer, Lahnewiesstr. 25
7261 Gechingen: Margot Renert, Mühle
6431 Gehau üb. Bad Hersfeld: Kurt Frantz, Forsthaus, Am Hain
7340 Geislingen (Steige): Rudolf Götz, Karlstr. 57
7921 Gerstetten b. Heidenheim: Günter Fellmann, Zeppelinstr. 9
7927 Giengen (Brenz): Helmut Seeling, Barbarossa-Apotheke, Richard-Wagner-Str. 13
6300 Gießen: Dr. Heinrich Klima, Staatl. Veterinäruntersuchungsanstalt, Marburger Str.
Josef Lischka, Rödgener Str. 23
Margita Scheller, Haydnstr. 6
Wolfgang Schößler, Schottstr. 16
Prof. Dr. H. O. Schwantes, Bot. Institut der Universität, Senckenbergstr. 17–21
8031 Gilching: Renate und Helmut Grünert, Leitenweg 2
7320 Göppingen: Felix Glöckner, Nordring 128
Otto John, Frauenstr. 16/I
3400 Göttingen: Heinrich Schmelz, Universitäts-Apotheke, Markt 6
7413 Gomaringen üb. Reutlingen: Karl-Heinz Baumann, Lindenstr. 40
4801 Großdornberg: Danita van Rossum, Voßheide 3
2071 Großensee üb. Trittau (Bez. Hamburg): Joachim Schliemann, 2071 Regelstaedt, Post Großensee

4951 Häverstädt: Manfred Lindenau, Weidestr. 43
6969 Hainstadt (Baden): Lothar Hassel, Tannenweg 8
Siegfried Keller, Lärchenweg 16
7859 Haltingen üb. Weil (Rhein): Werner Knoll, Basler Str. 15
2000 Hamburg: Institut für angewandte Mykologie, Hamburg 52, Elbchaussee 199
Staatsinstitut für angewandte Botanik, Hamburg 36, Marseiler Str. 7
Otto Stobbe, Hamburg 33, Norderstedt 1, Gorch-Fock-Weg 5
2104 Hamburg-Neugraben: A. Wenske, Falken-Apotheke, Cuxhavener Str. 317
3250 Hameln: Wolfgang Steininger, Osterstr. 52
3000 Hannover: Helmut Pannhorst, 3301 Bodenstedt, Woermannstr. 40 (Berater i. Niedersächsischen Landesmuseum, Am Marschpark 5)

141

3510 Hann.-Münden: Prof. Dr. Butin, Biologische Bundesanstalt für Land- und Forstwesen, Kasseler Str. 22
6969 Hardheim (Odenw.): Franz Vogel, Sudetenstr. 4
7612 Haslach (Kinzigtal): Horst Hoicke, Schillerstr. 5
6900 Heidelberg: Willi Hermann, Amt für öffentliche Ordnung, Vaugerowstr. 2
Edmund Metzner, Langgarten 11
7521 Heidelsheim: Anita Wittig, Brettener Str. 48
7920 Heidenheim (Brenz): Konrad Bauer, Heindenheim-Schnaitheim, Eberhardstr. 24
Gabriele Kinder, Georg-Beutler-Str. 21
7100 Heilbronn (Neckar): Kurt Buschmann, Herststr. 20
Gerhard Herbig, Weststr. 34
Alfred Hofmann, Liebig-Apotheke, Sontheimer Str. 46
Heinrich Renner, Dinkelsbühler Str. 18
Josef Vollkommer, Dittmarstr. 89
Detlev Weinholdt, Fichtestr. 45
7100 Heilbronn-Sontheim: Gerhard Fuchs, Pilgramstr. 6
7834 Herbolzheim (Breisgau): Horst Reussner, Moltkestr. 5
7799 Herdwangen üb. Pfullendorf: Josef Mosbach, Espen 36
7114 Heuberg: Benno Anger, Charlottenstr. 19
3200 Hildesheim: Erwin Baum, Bergsteinweg 71
6121 Hiltersklingen: Heinrich Kilthau, Lindel Nr. 3
8973 Hindelang: Peter Schuh, Buigenweg 11
7545 Höfen üb. Neuenbürg: Ilse Schanz, Hindenburgstr. 57
7251 Höfingen: Edgar Gröblinghoff, Weinbergstr. 46
6238 Hofheim: Dr. Gert Pfaffendorf, Wilhelmstr. 2
7051 Hohenacker: Bernd Kretzschmar, Kirchstr. 11
7061 Hohengehren üb. Schorndorf: Hermann Thamm, Schurwaldstr. 4
4102 Homberg: Hans-Georg Alpers, Duisburger Str. 337
7769 Hoppetenzell üb. Stockach: Hans Wegmann, Wassergasse 5
7240 Horb (Neckar): Heinrich Bohner, Jahnstr. 8 b
7746 Hornberg (Schwarzwaldbahn): Schwarzwälder Pilzlehrschau, Leitung: Rose Marie Dähncke, Werderstr. 17

Berta und Rektor i. R. Max Hetzel, Hauptstr. 2
Otto Rapp, Frombachstr. 11 b
Theodor Usenko, Rebbergstr. 22

7717 Immendingen: Waltraud und Josef Jung, Eckgasse 5
7759 Immenstaad: Subhash Gandbhir, Im Spiegelberg 3
8070 Ingolstadt: Dr. Wilhelm Schukerk, Nord-Apotheke, Spretistr. 19 ½
7972 Isny (Württ.): Elisabeth Bühler-Liechti, Spitalhofweg 12
Rudolf Georgii, Untere Achstr. 22
2210 Itzehoe: Heinz-Walter Bagdahn, Nordoer Str. 2

4044 Kaarst-Büttgen: Martin Knoop, Schillerstr. 6
6750 Kaiserslautern: Lebensmittelpolizei der Stadtverwaltung
Anneliese Scheiker, Weiherstr. 21 b
6744 Kandel: Johanna und Egon Arnold, Kneippstr. 10
Rolf Frohn, Hauptstr. 89
7500 Karlsruhe: Karl-Heinz Hentschel, Karlsruhe 41, Pfinzstr. 13
Dr. Rainer Hoppenz, Pfaffstr. 6
Ludwig Kornmüller, Frauenalberstr. 10
Walter Kronenberger, Kniebisstr. 13
Adolf Süpfler, Albert-Braun-Str. 5 b
3500 Kassel: Ursula Bock, Schaumbergstr. 20
Karl-Heinz Buchholz, Heckerstr. 77
Alwin Hellwig, Kassel-Wilhelmshöhe, Heideweg 42
Erna Pasinski, Krügerstr. 30
Hans Witzel, Am Auekamp 25
3500 Kassel-Bettenhausen: Knut-Reiner Grimm, Miramstr. 24
3501 Kassel-Windhausen: Ralf Bregazzi, Niestetal-Heiligenrode, Am Teich 31
8950 Kaufbeuren: Hermann Letzel, Haus 138 A
7640 Kehl-Sundheim: Fritz Ross, Martin-Luther-Weg 29
6834 Ketsch üb. Schwetzingen: Otto Mitsch, Narzissenweg 3
2300 Kiel: Gesundheitsamt, An der Fleethörn (Eingang Willestr.)
7312 Kirchheim (Teck): Ruth Hölzle, Max-Eyth-Str. 33
Lieselotte Miller, Adler-Apotheke, Lindachstr. 5
Hans Rapp, Altvaterweg 18
Erich Winkler, Boschstr. 10

7151 Kleinaspach: Elise und Harry Baschin, Herm.-Schmid-Str. 2
5400 Koblenz: Chemisches Untersuchungsamt, Neverstr. 4–6
5000 Köln: Lothar Radtke, Forststr. 76
7744 Königsfeld (Schwarzw.): Franz Kronbach, Friedrichstr. 6
8493 Kötzting: Dr. Manfred Ehemann, Konservenfabrik, Postfach 109
7441 Kohlberg: Dr. Gertrud Braune, Hölderlinstr. 5
7750 Konstanz: Ilse u. Klaus Brockhaus, Werner Sombart-Str. 2
Harro Fuchs, Neuhauser Str. 16
Dr. Josef Gedeon, Fasanenweg 1
Helmut Lieb, An der Linde 4
Hermann Rinderspacher, Fischenzstr. 5
Alice Vogelreuter, Sonnenbühlstr. 16
Dora Werner, Gebhardsösch 23
Dr. Alfred Zincke, Postfach 4308
7014 Kornwestheim: Gustav Völker, Am Ulrichsbrunnen 14
5910 Kreuztal-Kredenbach: Dr. Martin Denker, Am Freibad 2
8650 Kulmbach: Gerd Schmucker, Wickenreuther Allee 24

7630 Lahr (Schwarzw.): Ernst Rohde, Ernetstr. 30
6740 Landau (Pfalz): Dieter Heckmann, Bürgerstr. 2
6740 Landau(Pfalz)-Elfenau: Franz Nattermann, Dresdner Str. 38
7907 Langenau: Gerhart Baier, Langestr. 188
2139 Lauenbrück: Arthur Intemann, Berliner Str. 9
7887 Laufenburg: Dr. Edith Ebert, Hochsal Nr. 6
Marianne Jehle, Hochsal Nr. 6
7958 Laupheim: Georg Ottmann, Adolf-Kolping-Str. 7
2950 Leer: Hella Keck, Mittelweg 55 c
6411 Lehnerz üb. Fulda: Karl Sya
6906 Leimen/Heidelberg: Ulrike und Alfred Schofer, Geheimrat-Schott-Str. 39
7022 Leinfelden-Unteraichen: Martha Stäbler, Talstr. 8
7825 Lenzkirch (Schwarzw.): Paul Richter, Trenschelweg 7
Albert Ross, Kolumban-Kayser-Str. 12
7250 Leonberg: Erwin Staudt, Seestr. 88
7414 Lichtenstein/Reutlingen: Peter Hausmann, Greifenstr. 14
7751 Litzelstetten üb. Konstanz: Kurt Roth, Torkelbergweg 28

6943 Loehrbach üb. Weinheim (Bergstr.): Imo Lieske, Pilzberatungsstelle Hans Imo
7140 Ludwigsburg 10: Günter Seeger, Pleidelsheimerstr. 3
2400 Lübeck: Sabine Dähncke, Karl-Loewe-Weg 73
5880 Lüdenscheid, Wesselberg: Erich Scholze, Tel. 0 23 55/73 42
3140 Lüneburg: Dr. Hildegard Dammann, Wilschenbrucher Weg 87

8302 Mainburg: Werner Kriwaczek, Seilermühle 23 ½
6500 Mainz: Chem. Untersuchungsamt Rheinhessen, Am Zollhafen 12 (Chemierätin Gertrud Braun) Rudolf Müller, Am Fort Elisabeth 5
6800 Mannheim: Josef Bazinek, Freier Weg 24 (Fa. Edeka)
7142 Marbach (Neckar): Hans Besch, Gartenstr. 32
3550 Marburg: Gerhard Sundermann, Kleine Ortenberggasse 2 a
3508 Melsungen: V. A. Kny, Schwalbenweg 7
8940 Memmingen: Josef Waldmann, Kramerstr. 37
7475 Meßstetten üb. Ebingen: Gerhard Schach, Ludwig-Uhland-Str. 21
8948 Mindelheim: Eberhard Mende, Gernstall 19
7501 Mörsch: Dieter Butschek, Alleenstr. 7
6950 Mosbach (Baden): Erna und Werner Klinge, In den Schmelzgärten 3
8260 Mühldorf (Inn): Dr. H. R. Spagl, Bahnhofs-Apotheke, Bahnhofstr. 10
7202 Mühlheim üb. Tuttlingen: Alfred Miegel, Stetten, Donaustr. 30
8000 München: Zentralstelle für Pilzforschung und Pilzverwertung, München 40, Leopoldstr. 175 Tel. 089/36 55 78.
In der Saison städt. Beratungsstellen in verschiedenen Stadtteilen, Berater: Arnulf Egner, Ingeborg Lau, Andreas Neuner, Ernst Witt u. a.
Margret Gärtl, Pilarstr. 5
7420 Münsingen: Gottlob Schill, Sternbergstr. 25
4400 Münster (Westf.): Alfred Augustin, Kärntner Str. 52
Albert Lang, Erlenkamp 7
Annemarie Runge, Diesterwegstr. 63
7887 Murg 2: Gerda Dewert, Zechenwihlstr. 40

7441 Neckarhausen üb. Nürtingen: Walter Wahl, Schubertstr. 5
7261 Neubulach üb. Calw: Bertl Schaeffer, Weihergasse 3
Dr. Hugo Wieland, Calwer Str. 30
7541 Neuenbürg-Dennach: Almut Ganser, Schwabstichstraße
6078 Neu-Isenburg: Klaus Lindner, Lehrer der Albert-Schweitzer-Schule
8430 Neumarkt (Oberpf.): Rudolf Fischer, Rosengasse 15
2350 Neumünster: Karl Pitzschke, Feldstr. 33
6730 Neustadt/Weinstr.: Waldemar Lyszio, Sauterstr. 36
7311 Notzingen üb. Plochingen: Gotthilf Speisser, Kirchheimer Str. 18
8500 Nürnberg: Chem. Untersuchungsanstalt der Stadt Nürnberg, Hauptmarkt 1
Naturhistorische Gesellschaft Nürnberg EV, Abteilung Pilz- und Kräuterkunde, Peter Haas, Striegauer Str. 6
7440 Nürtingen: Helmut Hipp, Marienstr. 18
Gero Holl, Tilsiter Str. 2
Heinz Hoss, Hegelstr. 8
Richard Laufer, Säerstr. 3
Antonie Müller, Helmholtzweg 22
Friedrich Schilling, Mörike-Apotheke, Limburgweg 9
7440 Nürtingen-Oberensingen: Emil Lang, Beim Jägerhaus 7

7082 Oberkochen: Josef Krok, Bei den Birken 3
Karl Neff, Langerstr. 8
7141 Oberriexingen üb. Vaihingen: Otto Grams, Mörikestr. 15
7591 Obersasbach üb. Achern: Rudolf Köninger, Blumenberg 112 a
7772 Oberuhldingen üb. Überlingen: Hanni Dischoffsberger, Am Roggersberg 15
7110 Öhringen: Martin Franz, Albert-Schweitzer-Str. 41
Gerd Hölzer, Nußbaumweg 13
Hermann Kieber, Schmale Str. 6
Erich Schimmel, Kastellstr. 24
Friedrich Schimmel, Probsthof 2
Alfred Steinle, Daimlerstr. 10
Helmut Weber, Hohenlohestr. 15
7600 Offenburg (Baden): Gernot Kreutz, Schillerplatz
Wenzel Kühnel, Teichstr. 40
Ernst Veits, Ahornallee 7
2900 Oldenburg: Karl Schubert, Sonnenkampstr. 18
6960 Osterburken: Alfred Stich, Mozartstr. 7

8390 Passau: Georg Weichenhain, Rennweg 5
7741 Peterzell 1: Werner Hagenmayer, Talstr. 8
7114 Pfedelbach üb. Öhringen: Adolf Schäfer, Richard-Wagner-Str. 17
7507 Pfinztal-Wöschbach: Helmut Schwöbel, Winterstr. 17
7530 Pforzheim: Jürgen Bechtle, Maihaldenstr. 34
Günter Morlock, Büchenbronner Str. 93
Fritz Walther, Blumenheckstr. 70
8229 Piding: Elisabeth Lorenz, Reichenhaller Str. 14
7310 Plochingen: Rudolf Leypoldt, Panoramastr. 41

7760 Radolfzell (Bodensee): Maria Römer, Moserstr. 32
7550 Rastatt: Eberhard Dahlem, Zaystr. 15
7980 Ravensburg: Emma Stützle, Eugen-Bolz-Str. 19
Paul Weber, Hindenburgstr. 17
8400 Regensburg: Landesuntersuchungsamt f. d. Gesundheitswesen, Donauländen 7
8673 Rehau: Heinz Thümler, Wüstenbrunner Str. 34
7891 Remetschwiel b. Waldshut: Helmut Jagusch, Brauerei Waldhaus
7410 Reutlingen: Paul Brösamle, Schumannstr. 2
Prof. Dr. Werner Grüninger, Friedrich-Ebert-Str. 46
Günter Schmidt, Hermann-Ehlers-Str. 48/23
7888 Rheinfelden (Baden): Hermann Brunner, Fecampring 2
4130 Rheinkamp: Gisela und Karl-Heinz Morschek, Winkelstr. 4
6969 Rippberg üb. Walldürn: Ursel Friedel, Schulhaus
2863 Ritterhude (Bez. Bremen): Ekkehard Dittmann, Linden-Apotheke
8421 Rohr (Niederbayern): Anna Zenk, Quellenweg
8200 Rosenheim: Werner Röckl, Tannenbergstr. 9 a

6600 Saarbrücken: Ruth und Klaus Kotzur, Stieringer Str. 15
6623 Saarbrücken-Altenkessel: Dr. Gudrun Saar, Schubertstraße
6632 Saarwellingen: Ulrich Biewer, Schloßplatz 8
3559 Sachsenberg üb. Frankenberg (Eder): Ilse Völkner, Orkerstr. 1
3320 Salzgitter-Lebenstedt: Rupert Plank, Lichtenberger Str. 17

6902	Sandhausen b. Heidelberg: Heinrich Hilbert, Bücherstr. 5	
6707	Schifferstadt: Rudolf Braxmeier, Waldseer Str. 16	
6931	Schlossau üb. Eberbach: Kurt Peterhänsel, Forstamt	
7860	Schopfheim: Karl Ganz, Hebelstr. 33	
	Hans-Peter Hill, Feldbergstr. 31	
7291	Schopfloch-Oberiflingen: Ilse Desing-Martens, Aischbach 135	
7230	Schramberg: Jürgen Kopp, Paradieshof 4	
	Karl-Adolf Walz, Schillerstr. 17	
	Dr. jur. Karl Walz, Schillerstr. 17	
8540	Schwabach: Thomas Popp, Wasserstr. 14	
7070	Schwäbisch Gmünd: Dr. W. Bichele, Johannis-Apotheke, Marktplatz 13	
7070	Schwäbisch Gmünd-Metlangen: Peter Tobies, Reitprechtserstr. 23	
7070	Schwäbisch Gmünd-Herlikofen: Winfried Trinkle, Raiffeisenstr. 12	
7070	Schwäbisch Gmünd-Hussenhofen: Dr. Wilhelm Stein, Breitwiesenstr. 2	
7170	Schwäbisch Hall: Christa und Hans-Jürgen Hoffmann, Brenzstr. 28	
2057	Schwarzenbek: Heinrich Anakker, Uhlenhorst 17	
8720	Schweinfurt: Kugel-Apotheke Dr. Dill, gegenüber Hauptbahnhof	
5830	Schwelm: Roland Schauer, Steinhauser Bergstr. 79	
7220	Schwenningen (Neckar): Maria und Adolf Mark, Leibnizstr. 54	
7220	Schwenningen-Mühlhausen: Josef Jakober, Tuninger Str. 21	
6967	Seckach: Manfred Henn, Planweg 51	
5900	Siegen: Dr. Horst Wagener, Anton-Delius-Str. 58	
7480	Sigmaringen: Anneliese Wagner, Talwiese 12	
7032	Sindelfingen: Heinz Hess, Friedrich-Ebert-Str. 15	
	Erwin Stelzer, Pfarrwiesenstr. 5/15	
	Willi Nikulski, Spitzholzstr. 149	
6920	Sinsheim-Adersbach: Josef Bazinek, Hauptstr. 20	
6720	Speyer: Chem, Untersuchungsamt Speyer, Kl. Pfaffengasse 9 bis 11 (Chemierat Laube)	
6683	Spiesen (Saar): Erich Demke, Kirschenallee 4	
7611	Steinach (Kinzigtal): Hans Dieterle, Untertal 6	
6441	Stölzingen: Wolfgang Wellmann, Oberforstmeister	
6901	St. Ilgen üb. Müllheim (Baden): Helmut Unger, Mannheimer Weg 1	
7000	Stuttgart: Verein der Pilzfreunde, Beratungsstelle in der Markthalle, Stuttgart 1, Münzstr.	
	Otto Baral, Stuttgart 31 (Weilimdorf), Raiffeisenstr. 18	
	Gerhard Fleischfresser, Stuttgart 1, Urbanstr. 69	
	Emma Frommator, Stuttgart 71 (Lederberg), Hölzleswiesen 22	
	Ulrich Jetter, Stuttgart 80 (Vaihingen), Bienenweg 7	
	Dr. Ursula Oberhoff, Stuttgart 50 (Bad Cannstatt), Kattowitzer Str. 9	
	Josef Pernpeintner, Stuttgart 70, Filderhauptstr. 43	
	Jörg Roser, Stuttgart 1, Schwarenbergstr. 169	
	Emma Schmid, Stuttgart 40 (Zuffenhausen), Im Gütle 1	
	Johanna Schmidt, Stuttgart 40, Im Grasgarten 17	
	Oswin Schupp, Stuttgart 1, Chopinstr. 76	
	Hans Wittmann, Stuttgart 50 (Hofen), Mövenweg 61	
	Dr. Hans E. Wolff, Stuttgart 1, Feuerbacher Weg 2	
7334	Süßen: Ferdinand Reick, Zeppelinstr. 5	
6603	Sulzbach (Saar): Werner Nicolay, Brennender-Berg-Str. 5	
8221	Tacherting: Irmgard Schwoshuber, Brandstätt 2	
8221	Taching a. See: Ellen Mayerhofer, Almfeld 33	
7146	Tamm (Württ.): Charlotte Hofmann, Hauptstr. 74	
8593	Tirschenreuth: Oberschulrat Meiller, Bezirksschulamt	
7820	Titisee-Neustadt 11: Doris und Peter Laber, Bühlhofweg 14	
8220	Traunstein: Hermann Glück, Fritz-Bechtold-Str. 8	
7740	Triberg (Schwarzw.): Jürgen Duffner, Riffhaldenweg	
	Paul Finus, Rigiweg 3	
5500	Trier: Chemisches Untersuchungsamt, Maximiner Acht 11 a	
7217	Trossingen: Werner Birk, Wielandstr. 18	
	Walter Engele, Hürstenstr. 41	
	Elfriede Hohner, Hohnerstr. 12	
7400	Tübingen: Ruth Kautt, Derendinger Str. 35	
	Siegfried Lelke, Beim Herbsthof 4	
	Lothar Meissner, Schaffhauser Str. 5	
7200	Tuttlingen: Rosa und Heinz Benk, Im Wöhrden 16	
	Kurt Löffler, Kaiserstr. 36	
	Hellmut Ploss, Balinger Str. 89	
6689	Uchtelfangen: Volker Bründerle, Hubertusstr. 13	
7770	Überlingen (Bodensee): Lorenz Hahn, Sonnenberg 3	
	Annelies Hecker, Alte Nußdorfer Str. 35	
	Klaus Hueber, Gartenstr. 5	
	Lisa Kitt, Am Bergle 12	
	Margarete Kraus, Obere Bahnhofstr. 8	
	Otmar Meschenmoser, Nellenbachstr. 9	
7336	Uhingen-Holzhausen: Franz Sikora, Ziegelstr. 4	
7772	Uhldingen-Mühlhofen: Erich Zugmaier, Hauptstr. 31	
7900	Ulm (Donau): Amtliche Marktpilzbeschau, Südlicher Münsterplatz	
	Marie Itschert-Heiß, Südl. Münsterplatz 37	
4750	Unna: Dr. Klaus Coen, Obere Husemannstr. 13	
	Erhard Hellmann, Massenerstr. 117	
7731	Unterkirnach: Leopold Huber, Maria Tann	
7111	Untersteinbach üb. Öhringen: Rosemarie und Hartmut Frey, Heuholzerstr. 2	
7111	Verrenberg üb. Öhringen: Johann Kramatschek, Schulstr. 131	
7730	Villingen (Schwarzw.): Leopold Bächle, Lorettostr. 1	
	Friedel Schieber, Saarlandstr. 3	
	Martin Simon, Brunnenstr. 28	
7891	Waldhaus: Helmut Jagusch, Brauerei	
8264	Waldkraiburg: Hans Marschner, Troppauer Str. 13 b	
8790	Waldshut: Oskar Weber, Waldeckstr. 13	
6909	Walldorf (Baden): Richard Thome, Wilhelmstr. 29	
6968	Walldürn (Baden): Klaus Gruse, Hans-Eckstein-Str. 10	
7988	Wangen (Allgäu): Georg W. Brielmaier, Baumannstr. 55	
4680	Wanne-Eickel: Stephan Scherer, Ordnungsamt	
3530	Warburg: Siegfried Gunderloch, Wachtelpfad 35	
8480	Weiden (Oberpf.): Heinrich Christl, Hinterm Wall 5	
	Hanns Nüßlein, Fichtestr. 42	
8621	Weidhausen üb. Lichtenfels: Heinz Engel, Wiesenstr. 10	
7858	Weil (Rhein): Carl Parusel, Blumenstr. 10	

7311	Weiler üb. Plochingen: Dr. Gerhard Thamerus, Sonnenhalde 23
7315	Weilheim (Teck): Hans Maul, Neidlinger Str. 69
7466	Weilstetten: Horst Wolff, Hörnlestr. 3
7987	Weingarten (Württ.): Wilhelm Günther, Schießplatzstr. 7
7056	Weinstadt-Schnait: Dr. Hans Haas, Rosenstr. 5
7063	Welzheim (Württ.): Fritz Frasch, Robert-Koch-Str. 5
8853	Wemding: Max Betz, Mangoldstr. 2
5980	Werdohl: Margarete Rehbein, Wilhelmshöhe 45
5981	Werdohl-Bärenstein: Klaus Dreweck, Ludemerter Weg 24
2280	Westerland (Sylt): Berthold Fischer, Am Friedrichshain 4
6200	Wiesbaden: Otto Evelin (Geschäftsstelle d. Hausfrauenvereins), Adelheidstr. Elfriede und Ruth Heberlein, Klagenfurter Ring 67 Wiesbadener Pilzberatungsstelle Friedrich-Ludwig-Jahn-Schule
7057	Winnenden-Birkmannsweiler: Eugen Bückle, Im Sonnenhang 38
7065	Winterbach b. Schorndorf (Württ.): Gerhard Schlotterbeck, Uhlandstr. 4
7472	Winterlingen: Erwin Maier, Römerstr. 69
7701	Worblingen: Siegfried Schumacher, Am Burgstall 2
6520	Worms: Heinrich Schmitt, Auf dem Wochenmarkt
8700	Würzburg: Dr. Helmut Falkenhan, Zwinger 13 Paul Matheis, Max-Dauthendey-Str. 12
5600	Wuppertal: Pilzberatungsstelle der myk. Sektion des Naturwissenschaftlichen Vereins Wuppertal, Friedrich-Ebert-Str. 27, Berater: Walter Uhlemann 5608 Dalerau, Keilbecker Str. 19 Dr. Hess, Gemeinschaftl. Chem. Untersuchungsinstitut für die Städte Wuppertal und Solingen, Sanderstr. 161 Paul Hiby, Im Hölken 50 Hans Krüger, Brüningstr. 6 H. Scharf, Obere Rutenbeck 76 Dr. H. Wollweber, In den Birken 73
7887	Wyhlen: Heinrich Wohlgemuth, Rheinfelder Str. 84
7863	Zell im Wiesental-Gresgen: Irmgard und Gerhard Schittenhelm, Dorfstr. 82
6660	Zweibrücken: Karl A. Firmery, Sonnen-Apotheke, Hauptstr. 55
7261	Zwerenberg: Dorothea Schmolke, Berneckerstr.

Rezept- und Sachregister

Ackerschirmling 30
Ätherische Öle 14
Agaricus campester 60, 64
Agaricus edulis 64, 65
Agaricus silvaticus 62, 64
Amanita pantherina 90, 93
Amanita phalloides 89, 93
Amanita rubescens 66, 73
Amanita vaginata var. crocea 68, 73
Amanita virosa 88, 93
Amine, Aminosäuren 14
Anbau auf Holz 22, 24
Anbau auf Stroh 23
Angerling 60, 64
Anischampignon 61, 64, 88
Anischampignon, Dünnfleischiger 61
Anisegerling 61, 64
Apfeltäubling 67, 73
Aprilrötling 95
Armillariella mellea 29, 33
Aspenpilz 48, 53
Asphaltchampignon 64, 65
Astlschwamm 81, 84
Auflauf, Pilz- 106
Austernseitling 22, 31, 34, 72

Bärenpratzen 81, 84
Bärentatze, Goldgelbe 81, 84
Balkan-Fleisch 110
Becherling, Orangeroter 70, 74
Becherlinge 70
Birkel 48, 53
Birkenpilz 48, 53
Birkenreizker 59
Birkenröhrling, Gelber 48
Bitterling 47, 53
Bitterschwamm 49, 53
Blasses Grüntäuberl 69, 73
Blauhäuptling 49, 53
Blaumilchender Kiefernreizker 59
Blauweißer Trichterling 87
Bleicher Rötling 94, 95
Blutchampignon, Großer 62
Blutchampignon, Kleiner 62, 64
Blutreizker 59, 63
Blutreizker paniert 122
Bocksbart 81, 84
Bohnentopf, serbischer 125, 129
Bohrlochmethode 22
Boletus calopus 49, 53
Boletus edulis 37, 43
Boletus erythropus 42, 44
Boletus satanas 94, 97
Bouletten Diana 107
Bouletten Waidmannsvesper 109

Boviste 35
Brachschwamm 60, 64
Braten, Jäger- 109
Bratwurstpfanne 106
Brauner Fliegenpilz 66, 68, 87
Brauner Kiefernblutreizker 59
Braunhäuptchen 38, 43
Braunkopp 37, 43
Bronzeröhrling 37
Brühe, klare Pilz- 137
»Brüsseler Spitze« 127
Butterpilz 40, 44, 45, 58
Butterpilze gebraten 116
Butterröhrling 40, 44
Butterrübling 72

Calvatia gigantea 34, 35
Cantharellus cibarius 50, 54
Cantharellus tubaeformis 51, 54
Champignon, Zweisporiger 60
Champignons 60 ff.
China-Topf 126
Chromgelber Graustieltäubling 67
Cocktail d'anchois 118
Coprinus comatus 32, 34
Craterellus cornucopioides 52, 54

Dachpilz, Rehbrauner 24
Dickfußröhrling 49, 53
Dickschaliger Kartoffelbovist 35
Dobernigel 37, 43
Doppelt-bescheideter Scheidenstreifling 68
Dünnfleischiger Anischampignon 61
Dünnschaliger Kartoffelbovist 35
Duxelles 132

Echter Pfeffermilchling 56, 63
Echter Reizker 59, 63
Echter Ritterling 77, 83
Echter Ritterpilz 77, 83
Echter Waldegerling 62, 64
Edelpilz 37, 43
Edelreizker 59, 63
Egerlinge 60 ff.
Eichensteinpilz 37
Eier in Pilz-Sauce, verlorene 135
Eierbovist, Schwärzender 35
Eierschwamm 50, 54
Einbetten der Pilzhölzer 23
Einfrieren, Einmachen 138
Ellerlinge 85
Empfindlicher Krempling 94, 96
Enzyme 14
Erdgürtel 60, 64
Erscheinungsbild 9
Espenrotkappe 46
Essigpilze 130, 134
Extrakt, Pilz- 139

Fahlkappe 48, 53
Falscher Perlpilz 66
Falscher Pfifferling 50
Faltentintling 14, 32
Faserköpfe 91

Faserkopf, Ziegelroter 91, 93
Feen-Salat 117, 130
Feldchampignon 60, 64
Feldegerling 60, 64
Feldtrichterling, Giftiger 87
Fichtenblutreizker 59
Fichtenreizker 59, 63
Filzröhrling 36, 43
Finger 81, 84
Fingerling 81, 84
Fischfilet mit Sahnepilzen 124
Flaschenbovist 35
Flaschenboviste in Butter gebr. 123
Fleisch, Pilz- 109
Fleischrötlicher Giftschirmling 15
Fleischroter Speisetäubling 69
Fliegenpilz 15, 87, 91
Fliegenpilz, Brauner 66, 68, 87
Flockenstieliger Hexenröhrling 42, 44
Föhrenschwamm 40, 44
Frauenschwamm 38, 43
Frauentäubling 69
Frostschneckling 72, 74
Frühjahrslorchel 15, 92, 94
Frühlingsellerling 84, 85
Frühlings-Giftröhrling 95
Frühlorchel 92, 94
Füllhorn 52, 54

Gänschen 50, 54
Gänsel 50, 54
Gänsemaul 36, 43
Gänserl 50, 54
Gallenröhrling 37, 47, 53
Gallitschel 50, 54
Galluschel 50, 54
Ganske 77, 83
Gedrungener Wulstling, Grauer oder 66, 90
Geelchen 50, 54
Gefelderter Grüntäubling 69, 73
Geißbart 81, 84
Geißpilz 48, 53
Gelber Birkenröhrling 48
Gelbfüße 58
Gelbfuß, Großer 58, 63
Gelblicher Knollenblätterpilz 88
Gelbschwammerl 50, 54
Gichtschwamm 89, 93
Giftchampignon 89, 93
Giftgrünling 89, 93
Giftiger Feldtrichterling 87
Giftling 47, 53
Giftpilze 87 ff.
Giftrötling 94, 95
Giftschirmling, Fleischrötlicher 15
Giftwulstling, Grüner 89, 93
Glimmertintling 14
Glouskerl 40, 44
Glucke, Krause 81
Goassrehling 50, 54
Gocklschopf 81, 84
Goldgelbe Bärentatze 81, 84
Goldgelbe Koralle 81, 84
Goldgelber Lärchenröhrling 41, 44

Goldreizker 77, 83
Goldröhrling 17, 41, 44
Goldröhrlingssegen 117
Gomphidius glutinosus 58, 63
Gomphus clavatus 54, 55
Grashaxe 48, 53
Graspilz 38, 43
Grassemännle 48, 53
Graublättriger Schwefelkopf 22, 72, 80, 82, 84
Graue oder Köstliche Morchel 71
Grauer oder Gedrungener Wulstling 66, 90
Grauer Ritterling 79, 83
Grauhendl 48, 53
Graustieltäubling 67, 69
Großer Blutchampignon 62
Großer Gelbfuß 58, 63
Großer Keilpilz 58, 63
Großer Schirmling 30, 34
Großer Schmierling 58, 63
Grünblättriger Schwefelkopf 80, 82
Grünender Pfeffermilchling 56
Grüner Giftwulstling 89, 93
Grüner Knollenblätterpilz 15, 60, 68, 89, 93
Grüner Schierlingschwamm 89, 93
Grüngefelderter Täubling 69, 73
Grünling 72, 77, 83
Grünreizker 77, 83
Grünschuppiger Täubling 69, 73
Grüntäuberl, Blasses 69, 73
Grüntäubling, Gefelderter 69, 73
Grundrezept, Pilz- 105
Guckemucke 61, 64
Gyromitra esculenta 92, 94

Haarschleierling 57, 76
Hackbraten, Überraschungs- 107
Händling 81, 84
Härtlicher Pappelröhrling 48
Hahnefüßchen 62, 64
Hahnenkamm 81
Hainbuchenröhrling 48
Halamarsch 29, 33
Hallimasch 14, 16, 29, 33
Hasenbovist 35
Hasenpratzl 81, 84
Hautkopf, Orangefuchsiger 15
Heckenschwamm 29, 33
Hennapratzn 81, 84
Hennefüßli 81, 84
Herbsttrompete 52, 54
Heringstäubling 69
Herrenpilz (Steinpilz) 37, 43
Herrenpilz (Grünef. Täubling) 69, 73
Hexenröhrling 49
Hexenröhrling, Flockenstieliger 42, 44
Hexenröhrling, Netzstieliger 14, 42
Hexenröhrling, Schuppenstieliger 42, 44
Himmelvatahand 81, 84
Hirn mit Ei, falsches 123
Hohlmütze 29, 33
Hohlstieliger Riesenegerling 62

Honigpilz 29, 33
Honigringling 29, 33
Huasara 40, 44
Hühnerkralle 81, 84
Hünnerfürzche 81, 84
Hygrophorus hypothejus 72, 74
Hygrophorus marzuolus 84, 85
Hypholoma capnoides 82, 84

Impfen 22
Inocybe patouillardii 91, 93

Jägerfrühstück 112, 119
Jaunpilz 94, 97
Judasohr 16, 75
Judaspilz 49, 53
Judenbart 81, 84

Käppchenmorchel 71
Kahler Krempling 94, 96
Kalorientabelle 13
Kapuziner 48, 53
Karbolchampignon 60, 61, 65
Karottenmilchling 59, 63
Karpfen à la grand'mère 115
Kartoffelbovist 35
Karviol 81, 84
Katzentappe 81, 84
Kegelhütiger Knollenblätterpilz 15, 60, 61, 88, 93
Kegelhütiger Rißpilz 87
Keilpilz, Großer 58, 63
Keulenkraterelle 54, 55
Keulenpfifferling 54, 55
Kieferling 40, 44
Kiefernblutreizker, Brauner 59
Kiefernreizker, Blaumilchender 59
Kiefernreizker, Spangrüner 59
Kiefernreizker, Weinroter 59
Klebriger Wulstling 88, 93
Kleiner Blutchampignon 62, 64
Kleiner Waldchampignon 62, 64
Kleinschuppiger Waldchampignon 62, 64
Klopse Königsberger Art 109
Knoblauchschwindling, Saitenstieliger 21, 103
Knödel, Jäger- 108
Knödelsuppe, Pilz- 127
Knollenblätterpilz, Gelblicher 88
Knollenblätterpilz, Grüner 15, 60, 68, 89, 93
Knollenblätterpilz, Kegelhütiger 15, 60, 61, 88, 93
Knollenblätterpilz, Spitzkegeliger 88, 93
Knollenblätterpilz, Weißer 88, 93
Knollenblätterpilze 66, 68, 88 ff.
Körnchenröhrling 44, 45
Köstliche Morchel, Graue oder 71
Kohlenhydrate 14
Koralle, Goldgelbe 81, 84
Korallen 81
Kraterellen 52, 55
Krausbart 81, 84

Krause Glucke 81
Kraut, litauisches 113
Krautwickel 110
Krempenpilze 96
Krempling, Empfindlicher 94, 96
Krempling, Kahler 94, 96
Krötenstuhl 90, 93
Kronenbecherling 70
Kuchen, Pilz- 133
Küchlein, Pilz- 126
Kuehneromyces mutabilis 80, 84
Kuhfotzen 94, 97
Kuhmaul 58, 63
Kuhröhrling 58
Kupferroter Gelbfuß 58

Lachsfarbener Tannenreizker 59
Lactarius deterrimus 59, 63
Lactarius pergamenus 56, 63
Lärchenröhrling, Goldgelber 41, 44
Lamellen 10
Langstieliger Pfeffermilchling 56, 63
Laubholzschüppling 80, 84
Lauerchen 92, 94
Laurich 92, 94
Leccinum scabrum 48, 53
Leccinum testaceo-scabrum 46, 53
Ledertäubling, Rotstieliger 69
Leichenfarbiger Rötling 94, 95
Leimschwamm 70
Leistenpilze 50 f.
Lepista nuda 76, 83
Lepista personata 78, 83
Lieferanten für Pilzbrut 24
Lilastieliger Ritterling 16, 78, 83
Lippertzgen 80, 84
Lohtäuberl 60, 64
Lorcheln 71, 75, 92

Macrolepiota procera 30, 34
Märzellerling 84 f.
Märzschneckling 84, 85
Maipilz 76, 91
Mairißpilz 91, 93
Mairitterling oder Maipilz 76, 91
Maisbrandpilz 16
Marasmius alliaceus 103
Marienpilz 38, 43
Marillenschwamm 50, 54
Maronenröhrling 38, 43
Maschlurken 44, 45
Maskenritterling 78, 83
Masling 40, 44
Mauracherl 74, 75
Maurich 74, 75
Mauspfoten 81, 84
Merkmale, typische 9
Michaelischwamm 29, 33
Milchbrätlinge 123
Milchling, Wolliger 56
Milchlinge 56, 59
Milder Schwefelkopf 82, 84
Mineralstoffe 14
Mitternachts-Pilze 132
Mooshäuptchen 36, 43

Morchel, Graue oder Köstliche 71
Morchella conica 71, 74
Morchella esculenta 74, 75
Morcheln 71, 75, 92
Morcheln à la sévillane 115
Morcheln crème au gratin 114
Morcheln in Bierteig 115
Morcheln paniert à la comtesse 114
Morchelpudding 114
Morchelragout 114, 120
Muscarin 15, 87, 90 f.
Mutterkorn 16
Mykorrhiza-Pilze 17 ff., 41, 45
Myzel 9, 17

Nackter Ritterling 76, 83
Nährwert 13
Nagerl 50, 54
Netzstieliger Hexenröhrling 14, 42
Nierchen- Pilz- 106

Ölbaumtrichterling 50
Orangefuchsiger Hautkopf 15
Orangeroter Becherling 70, 74
Orangeroter Graustieltäubling 67

Paddenstuhl 90, 93
Pantherpilz 15, 66, 68, 87, 90, 93
Pantherwulstling 90, 93
Pappelröhrling, Härtlicher 48
Parasol paniert 120, 121
Parasolpilz 30, 34
Paxillus involutus 94, 96
Perlhuhnegerling 62
Perlpilz 66, 73, 90
Perlpilz, Falscher 66
Perlwulstling 66, 73
Peziza aurantia 70, 74
Pfaffenkopf 48, 53
Pfeffermilchling 16, 56, 63
Pfeffermilchling, Grünender 56
Pfeffermilchling, Langstieliger 56, 63
Pfefferpilz, ungarischer 122, 129
Pfifferling 50, 54
Pfifferling, Falscher 50
Pfifferlinge mit Rührei 115
Phlegmacium varium 86
Pichelsteiner 128
Pilzbrut 22, 24, 80
Pilze auf Bauernbrot 107
Pilze chinesisch 129, 131
Pilze in Essig einlegen 139
Pilze mit Herz 120, 136
Pimk 44, 45
Pimp 44, 45
Pizza, Pilz- 126
Pleurotus ostreatus 31, 34
Pomeisl, 40, 44
Porzellantintling 32, 34
Poularde, gefüllte 125

Ramaria aurea 81, 84
Rauchblättriger Schwefelkopf 82, 84
Recherl 50, 54
Rehbrauner Dachpilz 24

Rehgeiß 50, 54
Rehling 50, 54
Rehpratzel 81, 84
Reifpilz 57, 63
Reizker, Echter 59, 63
Riesenbovist 34 f.
Riesenbovist »Beamtenkotelett« 123
Riesenegerling, Hohlstieliger 62
Riesenlorchel 15, 92
Riesenrötling 94 f.
Riesenschirmling 30, 34
Riesenschirmpilz 30, 34
Riesenträuschling, Rotbrauner 23
Rilling 50, 54
Ringloser Wulstling 68, 73
Rinnigbereifter Trichterling 87
Rißpilz, Kegelhütiger 87
Rißpilz, Rübenfüßiger 87
Rißpilz, Ziegelroter 15, 87, 91, 93
Rißpilze 91
Ritterling, Echter 77, 83
Ritterling, Grauer 79, 83
Ritterling, Lilastieliger 16, 78, 83
Ritterling, Nackter 76, 83
Ritterling, Rußiggestreifter 79, 83
Ritterling, Schwarzfaseriger 79, 83
Ritterling, Violetter 16, 72, 76, 78, 83
Ritterlinge 76 ff., 89
Ritterpilz, Echter 77, 83
Röhren 10
Röhrling, Schöner 41, 44
Röhrlinge 36 ff., 97
Röllchen 50, 54
Römertopf-Pilze 128
Rötelritterling, Violetter 76, 83
Rötelritterling, Zweifarbiger 78, 83
Rötender Wulstling 66, 73
Rötling, Bleicher 94, 95
Rötling, Leichenfarbiger 94, 95
Rötlinge 95
Rosablättriger Schirmling 30
Rosenroter Gelbfuß 58
Roßpilz (Gallenröhrling) 47, 53
Roßpilz (Schönfußröhrling) 49, 53
Rostling 59, 63
Rotbrauner Riesenträuschling 23
Rotdocke 46, 53
Rotfüßchen 39, 43
Rotfußröhrling 39, 43
Rothäuptchen 46, 53
Rothautröhrling 46, 53
Rotkäppchen 46, 53
Rotkappe 46, 53
Rotstieliger Ledertäubling 69
Rotzer (Butterpilz) 40, 44
Rotzer (Kuhmaul) 58, 63
Rotzling (Butterpilz) 40, 44
Rotzling (Körnchenröhrling) 44, 45
Rotzling (Birkenpilz) 48, 53
Rouladen aux champignons 124
Rozites caperata 57, 63
Rübenfüßiger Rißpilz 87
Rundmorchel 74, 75
Runzelschüppling 57, 63
Rußiggestreifter Ritterling 79, 83

Rußkopf 79, 83
Russula virescens 69, 73
Russula paludosa 67, 73

Safranschirmling 30
Saitenstieliger Knoblauchschwindling 21, 103
Salat Gärtnerin-Art, Pilz- 133
Salat Kunterbunt 135
Salat von Becherlingen 117, 130
Salm aux champignons 124
Samtfußrübling 16, 22, 72
Samtkappe 42, 44
Satanspilz 94, 97
Satansröhrling 42, 49
Sauce zu chinesischen Pilzen 131
Saure Pilze 127
Schälpilz (Butterpilz) 40, 44
Schälpilz (Körnchenröhrling) 44, 45
Schälpilz (Perlpilz) 66, 73
Schafchampignon 61, 64
Schafhäuterl 40, 44
Schafschwamm 38, 43
Schafsnase 58, 63
Schalschwamm 44, 45
Scheidenegerling 64, 65
Scheidenstreifling 68, 73
Scheidenstreifling, Doppelt-Bescheideter 68
Scherprazln 81, 84
Schildrötling 95
Schirmling, Großer 30, 34
Schirmling, Rosablättriger 30
Schirmlinge 30
Schleierlinge 86
Schleimchen 40, 44
Schleimkopf, Semmelbrauner 86
Schmalzer 40, 44
Schmalzling 40, 44
Schmarrn, Jäger- 113
Schmerling (Butterpilz) 40, 44
Schmerling (Körnchenröhrling) 44, 45
Schmierpilz 40, 44
Schmierling 40, 44
Schmierling, Großer 58, 63
Schmutzbecherling 70
Schnecklinge 72
Schneeling 79, 83
Schneepilz 79, 83
Schnitzel hollandaise, Pilz- 110
Schöner Röhrling 41, 44
Schönfußröhrling 49, 53
Schopftintling 32, 34
Schüpplinge 29, 80
Schüpplingsartige 57
Schulmeister 29, 33
Schulmeisterpilz 57, 63
Schuppenstieliger Hexenröhrling 42, 44
Schusterpilz 42, 44
Schwärzender Eierbovist 35
Schwarzfaseriger Ritterling 79, 83
Schwarzhütiger Steinpilz 37
Schwarzrecherl 52, 54
Schwedenhappen 136
Schwefelköpfe 82
Schwefelkopf, Graublättriger 22, 72, 80, 82, 84

Schwefelkopf, Grünblättriger 80, 82
Schwefelkopf, Milder 82, 84
Schwefelkopf, Rauchblättriger 82, 84
Schwefelkopf, Ziegelroter 82
Schwefelritterling 77
Schweinsfüßerl 50, 54
Schweinsohr 54 f.
Seitlinge 31
Semmelbrauner Schleimkopf 86
Senf-Sauce, pikante kalte Pilz- 135
Shiitake-Pilz 16, 22 f.
Silieren 139
Sommerausternseitling 22
Sommersteinpilz 37, 47
Spangrüner Kiefernreizker 59
Spargelpilz 32, 34
Spargelpilze mit Schinken 116
Sparriger Schüppling 29
Speckpilz 94, 96
Speisemorchel 71, 74 f.
Speisetäubling, Fleischroter 69
Spitzkegeliger Knollenblätterpilz 88, 93
Spitzmorchel 71, 74
Sporen 9 f.
Stadtchampignon 64 f.
Steak amerikanisch 116
Steinkopf 37, 43
Steinpilz 37, 43
Steinpilz, Schwarzhütiger 37
Steinpilze, gefüllte 111, 129
Steinpilze in Öl, italienische Art 113
Steinpilze mit Knoblauchbutter 112
Steinpilze mit Kräutersauce aux croutons 111
Steinpilzsalat, roher 112
Steinpilzspießchen 112
Stirnseitenbeschichtung 22
Stockmorchel 92, 94

Stockschüppling 80, 84
Stockschwämmchen 22, 80, 82, 84
Stuakschwammala 29, 33
Stubbling 29, 33
Sülze, Pilz- 130, 134
Suillus granulatus 44, 45
Suillus luteus 40, 44
Suppe legiert, Pilz- 137

Täubling, Grüngefelderter 69, 73
Täubling, Grünschuppiger 69, 73
Täubling 67, 69, 89
Tannenpilz 38, 43
Tannenreizker, Lachsfarbener 59
Tigerritterling 76
Tintlinge 32
Toast mit Pilzbutter 132
Topf Försterin, Pilz- 128
Totentrompete 52, 54
Tricholoma flavovirens 77, 83
Tricholoma portentosum 79, 83
Trichterling, Bleiweißer 87
Trichterling, Rinnigbereifter 87
Trocknen 138
Trompetenpfifferling 51, 54, 72
Tylopilus felleus 47, 53

Violetter Ritterling 16, 72, 78, 83
Violetter Ritterling als Rotkohl 118
Violetter Ritterling mit Kräutersauce 120 f.
Violetter Rötelritterling 76, 83
Vitamine 14

Wacholderschwamm 59, 63
Waldchampignon, Kleiner 62, 64
Waldchampignon, Kleinschuppiger 62, 64
Waldegerling, Echter 62, 64
Was wächst wann? 20

Was wächst wo? 18
Weinroter Graustieltäubling 69
Weinroter Kiefernreizker 59
Weinrotverfärbender Edelreizker 59
Weißer Knollenblätterpilz 88, 93
Wenzelspilz 29, 33
Wieseltäubling 69
Wiesenchampignon 60, 64 f.
Wolfstatze 81, 84
Wolliger Milchling 56
Wulstling, Grauer oder Gedrungener 66, 90
Wulstling, Klebriger 88, 93
Wulstling, Ringloser 68, 73
Wulstling, Rötender 66, 73
Wulstlinge 66, 68, 88 ff.

Xerocomus badius 38, 43
Xerocomus chrysentheron 39, 43
Xerocomus subtomentosus 36, 43

Zechling 50, 54
Zederling 50, 54
Ziegelgelber Schleimkopf 86
Ziegelroter Faserkopf 91, 93
Ziegelroter Rißpilz 15, 87, 91, 93
Ziegelroter Schwefelkopf 82
Ziegenbart 81, 84
Ziegenlippe 36, 43
Zigeuner (Flockenst. Hexenröhrling) 42, 44
Zigeuner 57, 63
Zigeuner im Schlafrock, junge 118
Zuchtholz 22
Zunderpilz 17
Zunge mit Burgunderpilzen 125
Zweifarbiger Rötelritterling 78, 83
Zweisporiger Champignon 60
Zwiebeln, gefüllte 105
Zwiebelsauce 105

Das größte Salatbuch der Welt

Das »Traum-Buch« für alle Salatfreunde. Klassische Salate, Salate als ganze Mahlzeit, als Fleischbegleiter, als »Vitaminbomben« oder Schlankmacher, internationale Salate, Salate zum Dessert, dazu Saucen und Marinaden... Hunderte von Salaten aus aller Welt hat Fernsehkoch Ulrich Klever hier gesammelt und neu komponiert. Dazu bietet er alle erdenklichen Hilfen, um der Hausfrau oder der Hobbyköchin die Arbeit zu erleichtern und vor allem die Sicherheit zu geben, daß auch die raffiniertesten Salate problemlos gelingen. »Guten Appetit«!

**Ulrich Klever
Das große Buch der Salate**

Alles über die Kunst der Salatküche. Die besten Rezept-Ideen der Welt in 1001 Variationen.
184 Seiten mit 30 Farbfotos und vielen Zeichnungen. Farbiger Glanzeinband.

Gräfe und Unzer Verlag